Este volumen está formado con algunas de las más bellas joyas de sabiduría producidas por el hombre al través de los siglos. Quienes lo posean son dueños del más grande tesoro que cualquier hombre puede tener. Consérvalo, cuídalo, leelo y releelo cuantas veces quieras, pero sobre todo cuando sientas que te invade el desánimo o la tristeza, cuando supongas que ante ti se cierran todas las puertas, cuando experimentes el miedo de vivir. Entonces comprenderás el significado de su título: un regalo excepcional.

LOS *LIBROS* HACEN *LIBRES* A LOS HOMBRES

HERIBERTO FRIAS 1104 EDAMEX MEXICO 03100

Dec 21 / 92

UN REGALO EXCEPCIONAL

Pensamientos
Una Filosofía Para la Vida

Para mi querida hijita Daniela en este día tan maravilloso para toda la familia Hammeken Lamborn.

Happy birthday

I hope you enjoy this book

your dad
Billy

Título de la obra: UN REGALO EXCEPCIONAL. PENSAMIENTOS.
UNA FILOSOFÍA PARA LA VIDA.

Primera edición: 30 de septiembre de 1989.
Segunda edición: 30 de enero de 1990.
Tercera edición: 30 de agosto de 1990.
Quinta edición: 30 de noviembre de 1991.
Sexta edición: 31 de mayo de 1992.
Séptima edición: agosto de 1992.

ISBN — 968-409-474-4

Impreso y hecho en México.
Printed and made in Mexico.

INDICE

INTRODUCCION: El pensamiento.........................9

SOBRE LA LIBERTAD
  La libertad, Sancho......................11
  Libertad 12
  Viajar 13
  El disfrute de la vida...................14
  Los placeres de un Disidente............15

SOBRE EL AMOR
  Llénalo de amor 17
  Amaos el uno al otro...................18
  Amada compañera......................19
  Mis relaciones con los demás...........20
  Serás dichoso.........................21
  Cartas a un joven poeta................22
  Un soldado que.......................24
  Porque amar es dar 25

SOBRE LA FELICIDAD
  Alégrate.............................27
  El arte de la felicidad.................28
  Sólo por hoy.........................29
  En vida, hermano, en vida.............30
  Diez consejos para ser feliz 31
  Si yo cambiara.......................32
  Varios...............................33

SOBRE LA AMISTAD
  Amistad.............................35
  Romance del amigo...................36
  Todos tenemos hambre................37
  Cuenta tu jardín por las flores.........38
  La familia 39

SOBRE EL HOMBRE Y LA MUJER
  Ser hombre..........................41
  Artículo "Hombre"....................42
  El mundo busca hombres 43
  Mi Búsqueda no es sencilla 44

La aspiración fundamental de 46
El hombre y la mujer. 47
Mujer. 48
La mujer actual 50
Canción. 51
No soy tan hermosa. 52
Tú me quieres blanca. 53
La falta de memoria del amor 54
Tu obligación es Ser 55

SOBRE PADRES E HIJOS
Tus hijos no son tus hijos 57
Oración de un padre 58
A mi hijo. 59
Ser hombre (A mi hijo Michel) 60
¿Cómo nací?. 62
Vivir 63
Si el Supremo Creador te da un hijo 63
Como hijo pobre. 64
Para tu juego más importante 65
¿Qué es un niño?. 67
¿Qué es una niña?. 68
Los niños aprenden lo que viven 69
Lo que piensa el hijo del padre 70
A mis padres 71
Lo que hizo falta. 72
Los niños son 75
Por favor Dios mío 76
Del Tao Te King 78
Del Tao Te King 79

SOBRE LA EDUCACION
Parábola de la educación. 81
Inscripción en las ruinas de Persépolis. 82
Toma tiempo. 83
Se ennoblece la vida 84
Si. 85
De Rosario Sansores 86
Desiderata 88
Varios 89

La cortesía 90
Tú decides. 91
A mi amiga (Antídoto contra la depresión) 93

SOBRE EL TRABAJO
No desistas 94
El éxito comienza con la voluntad. 95
El valor del carácter. 96
Tú eres la causa de todo 97
Victoria para quienes perseveran .98
Si queremos tener éxito como dirigentes. 99
Las palabras más importantes para el ejecutivo 100
Varios 101

SOBRE LA RIQUEZA
¿Dónde está tu tesoro? 103
La verdadera riqueza 104
La pobreza 105
Cuenta lo que posees. 106
La contabilidad personal. 107
Parábola de los dos mares 109

SOBRE LOS MEXICANOS
El ciudadano del porvenir 110
Los mexicanos. 111
Ser uno de los miles. 112
Anécdota de Gandhi 113

SOBRE NUESTRA COMUNICACION CON DIOS
Hubo un hombre. 114
Oración de Voltaire. 116
Si amas a Dios. 117
Estoy siempre contigo. 118
Ganar perdiendo 119
Tuve un sueño. 120
¡Escucha. . . Dios!. 121
Porqué Señor, te pido trabajo 122
Plegaria del niño inválido. 123

SOBRE LA JUVENTUD Y LA VEJEZ
¿Qué tan viejo eres? 125

La juventud no es cuestión de 126
Instantes 127
En recuerdo mío 128
Madurez 129
En Paz 130

EL PENSAMIENTO

TODA COSA GRANDE, majestuosa y bella en este mundo, nace y se forja en el interior del hombre, gracias a una sola idea y a un solo sentimiento. Todos los acontecimientos verdaderos y positivos que nos legaron los siglos pasados, fueron, antes de realizarse, una idea oculta en la razón y en la mente de un hombre, o un sentimiento sutil en el corazón de una mujer. . .

Las fatídicas guerras, manantial de un caudaloso río de sangre inocente, fueron el producto de un sueño que se incubó en el cerebro de un hombre. Los acontecimientos bélicos y las guerras dolorosas que destruyeron tronos y derrumbaron reinos, surgieron de una idea absurda en la mente de un solo hombre.

Las enseñanzas sublimes que transforman el curso de la vida humana, son inclinaciones románticas en el espíritu de un solo hombre que, por su genio, se le considera extraño a su ambiente. Una sola idea erigió las Pirámides; un sentimiento fatal destruyó Troya; una sola palabra incendió la biblioteca de Alejandría y un ideal fecundo creó la gloria del Islam.

Un pensamiento que se apodera de nosotros en la quietud de la noche nos conduce a la gloria o a la locura. La mirada lánguida y serena de una mujer nos convierte en el más feliz de los hombres o en el más desgraciado. Una palabra nos puede convertir en ricos después de la pobreza, y en paupérrimos después de la opulencia. . . Una sola palabra pronunciada por Salma en aquella noche serena, me colocó entre mi pasado y mi futuro, cual embarcación entre la profundidad de los mares y las cimas del espacio.

Una palabra significativa me despertó del sueño de la adolescencia inexperta y solitaria, y condujo mis días por un nuevo sendero hacia el mundo del amor, donde se reúnen la vida y la muerte.

Gibrán Jalil Gibrán

La Libertad, Sancho,
es uno de los más preciosos dones
que a los hombres dieron los cielos;
con Ella
no pueden igualarse los tesoros
que encierra la tierra,
ni el mar ecubre.
Por la Libertad,
así como por la honra,
se puede y debe aventurar la vida.
Y, Por el contrario,
el cautiverio
es el mayor mal
que puede venir a los hombres.

Don Quijote de la Mancha
(Capítulo LVIII)
Miguel de Cervantes Saavedra.

LIBERTAD

La riqueza es abundancia, fuerza, ufanía;
pero no es libertad.

El amor es delicia, tormento, delicia tormentosa,
tormento delicioso, imán de imanes;
pero no es libertad.

La juventud es deslumbramiento, frondosidad de
ensueños, embriaguez de embriagueces;
pero no es libertad.

La gloria es transfiguración, divinización, orgullo
exaltado y beatífico;
pero no es libertad.

El poder es sirena de viejos y jóvenes, prodigalidad de honores,
vanidad de culminación, sentimiento interior de eficacia y de fuerza;
pero no es libertad.

El despego de las cosas ilusorias; el convencimiento del nulo valer; la
facultad de suplirlas en el alma con un ideal inaccesible; pero más real
que ellas mismas; la certidumbre de que nada, si no lo queremos,
puede esclavizarnos, es ya el comienzo de la libertad.

Amado Nervo.

VIAJAR

Viajar es marcharse de casa,
es dejar los amigos
es intentar volar;
volar conociendo otras ramas
recorriendo caminos
es intentar cambiar.

Viajar es vestirse de loco
es decir "no me importa"
es querer regresar.
Regresar valorando lo poco
saboreando una copa,
es desear empezar.

Viajar es sentirse poeta,
es escribir una carta,
es querer abrazar.
Abrazar al llegar a una puerta
añorando la calma
es dejarse besar.

Viajar es volverse mundano
es conocer otra gente
es volver a empezar.
Empezar extendiendo la mano,
aprendiendo del fuerte,
es sentir soledad.

Viajar es marcharse de casa,
es vestirse de loco
diciendo todo y nada con una postal.
Es dormir en otra cama,
sentir que el tiempo es corto,
viajar es regresar.

Gabriel García Márquez
Escritor colombiano.

13

Este es el verdadero disfrute de la vida: El ser utilizado para un propósito.

Reconocer en uno mismo a alguien poderoso; ser una fuerza de la naturaleza en lugar de un individuo egoista, pequeño, acalenturado, lleno de temores y achaques, quejándose porque el mundo no se dedica a hacerlo feliz.

Creo que mi vida pertenece a toda la humanidad y mientras yo viva es mi privilegio hacer por ella cuanto pueda.

Quiero ser utilizado totalmente antes de morir. Entre más duro trabaje más demostraré mi amor, mi regocijo en la vida por la vida misma.

La vida no es para mi una vela efímera, es una antorcha espléndida a la que estoy asido por el momento y quiero que se queme tan brillantemente como sea posible antes de entregarla a las generaciones futuras.

George Bernard Shaw
Escritor y dramaturgo irlandés.

El que ríe, perdura.

LOS PLACERES DE UN DISIDENTE

Creo saber lo que quiero. He aquí las cosas que me harían feliz. No desearé otras.

Quiero una habitación propia, donde pueda trabajar. Un cuarto que no sea particularmente limpio ni ordenado.

Quiero una habitación cómoda, íntima y familiar. Una atmósfera llena de olor de los libros y de aromas inexplicables; una gran variedad de libros, pero no demasiados. . . sólo aquellos que pueda leer o que vaya a leer de nuevo, contra la opinión de todos los críticos literarios del mundo. Ninguno al que se requiera mucho tiempo para leer, ninguno que tenga un argumento constante ni que ostente demasiado el esplendor frío de la lógica.

Deseo tener la ropa de caballero que he usado algún tiempo y un par de zapatos viejos. Quiero la libertad de usar tan poca ropa como me venga en gana.

Quiero tener un hogar donde pueda ser yo mismo. Quiero escuchar la voz de mi esposa y la risa de mis hijos en la planta alta mientras yo trabajo en el piso inferior, y quiero oirlos en el piso de abajo cuando yo esté trabajando arriba.

Quiero niños que sean niños, que salgan conmigo a jugar en la lluvia y que disfruten del baño de regadera tanto como yo. Quiero un pedazo de tierra en el que mis hijos puedan construir casas de ladrillo, alimentar a sus pollos y regar las flores. Quiero oír el canto del gallo por las mañanas. Quiero que en el vecindario haya árboles viejos y elevados.

Quiero algunos buenos amigos que me sean tan familiares como la vida misma, amigos con los que no necesite ser cortés y que me cuenten sus problemas; que sean capaces de citar a Aristóteles y de contar algunos chistes subidos de color, amigos que sean espiritualmente ricos y que puedan hablar de filosofía y usar palabras gruesas con la misma sinceridad, amigos que tengan aficiones claras y una opinión definida sobre la gente y las cosas, que tengan sus creencias particulares y respeten las mías.

Quiero tener una buena cocinera que sepa guisar verduras y hacer sopas deliciosas. Quiero un sirviente viejo, viejísimo que piense que soy un gran hombre aunque no sepa en qué reside mi grandeza.

Quiero una buena biblioteca, unos buenos puros y una mujer que me comprenda y me deje en libertad para trabajar. En fin, quiero tener la libertad de ser yo mismo.

Lin Yutang

Iré a donde tu vayas, viviré donde vivas.
Tu pueblo será mi pueblo y tu Dios será mi Dios.
Donde tu mueras, ahí moriré yo.

Ruth I: 16-17
Sagrada Biblia.

LLENALO DE AMOR

Siempre que haya un hueco en tu vida, llénalo de amor, Adolescente, joven, viejo: siempre que haya un hueco en tu vida, llénalo de amor.

En cuanto sepas que tienes delante de tí un tiempo baldío, ve a buscar amor.

> No pienses: "Sufriré"
> No pienses: "Me engañarán"
> No pienses: "Dudaré"

Ve simplemente, diáfanamente, regocijadamente, en busca del amor.

¿Qué índole de amor? No importa: TODO AMOR ESTA LLENO DE EXCELENCIA Y DE NOBLEZA.

Ama como puedas, ama a quien puedas, ama todo lo que puedas. . . PERO AMA SIEMPRE.

No te preocupes de la finalidad de tu amor.
El lleva en sí mismo su finalidad.
No te juzgues incompleto porque no responden a tus ternuras; el amor lleva en sí su propia plenitud.

Siempre que haya un hueco en tu vida, llénalo de amor.

Amado Nervo

Amaos el uno al otro,
mas no hagáis del amor una prisión.
Estaréis juntos, unidos para siempre,
cuando las alas blancas de la muerte
esparzan vuestros días.
Sí, estareis juntos aún
en la memoria silenciosa de Dios.
Pero dejad que haya espacios
en vuestra cercanía.
Llenaos mutuamente las copas
pero no bebáis de una sola copa.
Compartid vuestro pan
pero no comais del mismo trozo.
Cantad, bailad y estad alegres
pero que cada uno sea independiente.
Las cuerdas del laúd estan solas
aunque vibren con la misma música.
Dad vuestro corazón pero no en prenda,
pues sólo la mano de la vida
puede contener los corazones,
y estad juntos pero no demasiado.
Porque los pilares del templo
estan aparte,
y ni el roble crece
bajo la sombra del ciprés
ni el ciprés bajo la del roble.

Gibrán Jalil Gibrán
Poeta y filósofo libanés.

Aquel que ama menos es el que manipula la relación.

AMADA COMPAÑERA:

Canto a las mujeres que en una eres; a los valles de tus mundos donde camino; a tus ríos en donde sacio mi sed; a la ribera de tu alma donde obtengo la flor de tu ternura. Le canto a tu luz que cada día me hace amarte más; a tus rincones donde soy dichoso amante; a tu mirada infinita de amor; a tu sonrisa que me da vida al recordarte.

Canto a las esferas que nacen de tu vientre; a tu corazón guardián de mil tesoros; a tu palpitar que llena mis latidos de paz y de alegría; a tu palabra de auroras donde nacen armonías; al universo construido por la unión de nuestras almas.

Canto a tu cuerpo que es mi sangre; a tus labios donde bebo sueños; a la inmortalidad del instante continuo que forjamos; a los trigales que haces crecer incólumes y que son pan alimentándonos; a este saber de la libertad, donde camino, al estar en el reino de tu anhelo.

Canto a tus lágrimas de amor y de tristeza por esta humanidad, amado ser cuyas alas a veces temen los vientos.

Canto a tu canto que deshace los silencios; a tu habla de soles que iluminan mis sentidos; a tu majestad sin par a quien doy mis sueños e ilusiones y este canto de amor, porque tu, amada compañera, haces el prodigio de que germine y de que florezca y por ende viva y sea. Gracias.

Tu Amante Compañero.

Emilio Rojas

El amor inmaduro dice: "Te amo porque te necesito".
El amor maduro dice: "Te necesito porque te amo".

Erich Fromm

19

Tú y yo vivimos en una relación que valoro y quiero conservar. Sin embargo, cada uno de nosotros es una persona diferente, con sus propias necesidades y el derecho de satisfacerlas.

Cuando tú tengas dificultades para resolver tus problemas, trataré de escucharte cordialmente y ayudarte, con el objeto de que encuentres tus propias soluciones, en lugar de depender de las mías. De la misma manera, trataré de respetar tu derecho a escoger tus propias ideas y a desarrollar tus propios valores, aunque sean diferentes de los míos.

Cuando tu actividad interfiera con lo que debo hacer para la satisfacción de mis necesidades, te comunicaré abierta y honestamente cómo me afecta tu conducta, confiando en que tú me comprenderás y ayudarás en lo que puedas. De la misma manera, cuando alguno de mis actos te sea inaceptable, espero que me comuniques con sinceridad tus sentimientos. Te escucharé y trataré de cambiar.

En las ocasiones en que descubramos que ninguno de los dos puede cambiar su conducta para satisfacer las necesidades del otro, reconozcamos que tenemos un conflicto que requiere solución. Comprometámonos, entonces, a resolver cada uno de estos conflictos, sin recurrir al uso del poder o de la autoridad, para tratar de vencer a expensas de la derrota del otro. Yo respeto tus necesidades, pero también quiero respetar las mías. Esforcémonos siempre para encontrar una solución que sea aceptable para ambos. Tus necesidades serán satisfechas y también las mías. Ambos venceremos y ninguno será derrotado.

De esta forma, tú podrás continuar tu desarrollo como persona mediante la satisfacción de tus necesidades y yo también podré hacerlo; nuestra relación podrá ser lo suficientemente positiva para que, en ella, cada uno de nosotros pueda esforzarse para llegar a ser lo que es capaz de ser. Y podremos continuar relacionándonos el uno y el otro con respeto, amor y paz mutuos.

Thomas Gordon
"Mis relaciones con los demás"

Serás dichoso, porque para serlo es necesario solo que en medio de las más recias tormentas de la fortuna, sentirse amado, encalorado, acompañado, bien cuidado por alguien.

Pero este bien no se tiene sino ocasionando otro semejante. Nadie se dará jamás sino a quién se dé a él, e irresistiblemente cuando una criatura se siente con la dulce dueñez de otra, se vuelve a ella, como un cordero a su madre cuando llueve o nieva y se refugia en ella.

José Martí

---•---

No son las montañas que tenemos enfrente las que nos cansan; es el grano de arena que llevamos dentro del zapato.

---•---

La madre: "¿Qué es lo que le gusta a tu novia de tí?"

El hijo: "Piensa que soy guapo, inteligente y simpático y que bailo muy bien".

"¿Y que es lo que te gusta a tí de ella?"

"Que piensa que soy guapo, inteligente y simpático y que bailo muy bien".

. . . *También amar es bueno, pues el amor es difícil. Amor de persona a persona; esto es quizá lo más difícil que se nos impone, lo extremo, la última prueba y examen. . . Por eso los jóvenes que son principiantes en todo, no pueden todavía amar; deben aprenderlo. Con toda su naturaleza, con todas sus fuerzas, reunidos en torno a su corazón solitario, temeroso, palpitante hacia lo alto, deben aprender a amar. . . Amar, por lo pronto, no es nada que signifique abrirse, entregarse y unirse con otro; es una ocasión sublime para que madure el individuo, para hacerse algo en sí, para llegar a ser mundo, llegar a ser mundo para sí por otro; es una exigencia mayor, sin límite, para él. . . Sólo en este sentido, como tarea, para trabajar en sí pueden usar los jóvenes el amor que les es dado. . .*

Pero los jóvenes se equivocan a menudo, y gravemente, en esto: en que se arrojan unos hacia otros, cuando llega el amor sobre ellos, se desparraman. . . Entonces, cada cual se pierde por el otro, y pierde al otro, y a muchos otros que todavía querían venir. Y pierde las amplitudes y posibilidades, cambia más silenciosamente el acercamiento y la huida, cambia cosas llenas de presentimiento por una perplejidad infecunda, de la que ya nada puede salir; nada sino el hastío, desengaño y pobreza, y el salvarse de una de las convenciones . . . Ningún terreno de la experiencia humana está tan provisto de convenciones como éste: ahí están el cinturón salvavidas. . . la convención social ha sabido crear escapes de toda especie, pues, estando inclinado a tomar la vida amorosa como una diversión, debía también darle forma fácil, barata, sin peligro y segura, como son las diversiones públicas.

Quien lo mira en serio encuentra que. . . para el difícil amor no se ha reconocido ninguna explicación, ninguna solución, ni indicación, ni camino. . . Pero si nos obstinamos y asumimos este amor en nosotros como carga y tiempo de aprendizaje, en vez de perdernos en el frívolo juego fácil tras el cuál se han ocultado los hombres, entonces quizá se haga sensible un pequeño avance y un alivio para los que vengan. . . apenas ahora empezamos a considerar objetivamente y sin prejuicios la relación de una persona individual con otra; y nuestros intentos de vivir tal relación no tienen ningún modelo. . .

. . . La joven y la mujer, en su nuevo desarrollo personal, serán transitoriamente imitadores de los malos y los buenos modales masculinos, y repetidoras de las profesiones varoniles. Tras la

incertidumbre de tales tránsitos se demostrará que las mujeres
habrán pasado por esos abundantes y variados disfraces sólo para
purificarse, en lo más peculiar de su naturaleza, de las deformadoras
influencias del otro sexo. Las mujeres en las cuales la vida se demora
y habita más inmediata, fecunda y confiadamente que en el hombre,
es preciso que en el fondo hayan llegado a ser humanos más maduros,
seres más humanos que el hombre liviano, quien, fatuo, precipitado,
menosprecia lo que cree amar. Esta humanidad de la mujer,
madurada en los dolores y las humillaciones, saldrá a luz cuando la
mujer haya mudado los convencionalismos de lo exclusivamente
femenino, en las metamorfosis de su condición social; y los hombres,
que aún hoy no sienten llegar esto, se verán sorprendidos y vencidos.
Un día la joven será, y será la mujer, y sus nombres no significarán
más lo mero contrario de lo masculino, sino algo por sí: el ser humano
femenino.

Este progreso trasformará la vida amorosa, hoy colmada de errores; la
cambiará fundamentalmente; la convertirá en una relación valedera
de ser a ser, no ya de varón a mujer. Y este amor más humano, que
se realizará infinitamente delicado, y cuidadoso, y bueno y claro en
el atar y el desatar, se asemejará al que penosamente preparamos
luchando: el amor que consiste en que dos soledades mutuamente
se protejan, se limiten y se reverencien.

Carta VII Extracto
Rainer María Rilke

Quizá no nos preocuparía lo que la gente piense de nosotros si
supiéramos que pocas veces ocupamos sus pensamientos.

Un soldado que se encontraba en el frente fue
rápidamente enviado a su casa, porque su padre se
estaba muriendo. Hicieron con él una excepción,
porque él era la única familia que tenía su padre.

Cuando entró en la Unidad de Cuidados Intensivos,
se sorprendió al comprobar que aquél anciano
semiinconsciente lleno de tubos no era su padre.
Alguién había cometido un tremendo error
al enviarle a él equivocadamente.

"¿Cuánto tiempo le queda de vida?", le preguntó al médico.

"Unas cuantas horas, a lo sumo. Ha llegado usted
justo a tiempo".

El soldado pensó en el hijo de aquel moribundo,
que estaría luchando sabe Dios a cuantos kilómetros
de allí. Luego pensó que aquel anciano estaría aferrándose
a la vida con la única esperanza de ver a su hijo
una última vez, antes de morir. Entonces se decidió:
se inclinó hacia el moribundo, tomó una de sus manos
y le dijo dulcemente: "Papá, estoy aquí, he vuelto":

El anciano se agarró con fuerza de aquella mano;
sus ojos sin vida se abrieron para echar un último viztaso
a su entorno; una sonrisa de satisfacción iluminó su rostro,
y así permaneció hasta que, al cabo de casi una hora,
falleció pacíficamente.

———————————●———————————

"Amar a alguien para hacerlo distinto significa asesinarle".

Igor Caruso

"... Porque
Amar es dar y sólo con
dolor consigue dar quien
habitualmente vive
esperanzado a recibir.

Amar es servir,
y de lo que el hombre gusta
es de ser servido.

Amar es renunciar,
y el hombre siempre aspira
de inmediato a cosechar.

¿Cómo, entonces, no le va
a resultar costoso amar?"

Alfonso Rey

Mientras tememos conscientemente no ser amados, el temor real, aunque habitualmente inconsciente, es el de amar. AMAR significa comprometerse sin garantías, entregarse totalmente con la esperanza de producir amor en la persona amada.

El amor es un acto de fe y quien tenga poca fe también tendrá poco amor.

Erich Fromm

Dedicamos casi toda nuestra energía a descubrir la forma de alcanzar el éxito, prestigio, dinero, poder y muy poca a aprender el arte del AMOR:

Lo que somos es un regalo de Dios para nosotros;
en lo que nos convertimos es un regalo nuestro para Dios.

ALEGRATE

Si eres pequeño, alégrate, porque tu pequeñez sirve de contraste a otros en el universo; porque esa pequeñez constituye la razón esencial de su grandeza; porque para ellos ser grandes han necesitado que tú seas pequeño, como la montaña para culminar necesita alzarse entre las colinas, lomas y cerros.

Si eres grande, alégrate, porque lo invisible se manifestó en tí de manera más excelente; porque eres un éxito del Artista eterno.

Si eres sano, alégrate, porque en tí las fuerzas de la naturaleza han llegado a la ponderación y a la armonía.

Si eres enfermo, alégrate, porque luchan en tu organismo fuerzas contrarias que acaso buscan una resultante de belleza; porque en tí se ensaya ese divino alquimista que se llama el Dolor.

Si eres rico, alégrate, por toda la fuerza que el Destino ha puesto en tus manos, para que la derrames. . .

Si eres pobre, alégrate, porque tus alas serán más ligeras; porque la vida te sujetará menos; porque el Padre realizará en tí más directamente que en el rico el amable prodigio periódico del pan cotidiano. . .

Alégrate si amas, porque eres más semejante a Dios que los otros.

Alégrate si eres amado, porque hay en esto una predestinación maravillosa.

Alégrate si eres pequeño; alégrate si eres grande; alégrate si tienes salud; alégrate si la has perdido; alégrate si eres rico, si eres pobre, alégrate; alégrate si te aman; si amas, alégrate; alégrate siempre, siempre, siempre.

Amado Nervo

EL ARTE DE LA FELICIDAD

La felicidad no depende de lo que pasa a nuestro alrededor, sino de lo que pasa dentro de nosotros; la felicidad se mide por el espíritu con el cual nos enfrentamos a los problemas de la vida.

La felicidad es un asunto de valentía; es tan fácil sentirse deprimido y desesperado.

La felicidad es un estado de la mente. No somos felices en tanto no decidamos serlo.

La felicidad no consiste en hacer siempre lo que queremos; pero sí en querer todo lo que hagamos.

La felicidad nace de poner nuestros corazones en nuestro trabajo y de hacerlo con alegría y entusiasmo.

La felicidad no tiene recetas; cada quien la cocina con el sazón de su propia meditación.

La felicidad no es una posada en el camino, sino una forma de caminar por la vida.

———————————●———————————

Las vacaciones se parecen al amor: las esperamos con anhelo, las vivimos con contrariedades y las recordamos con nostalgia.

———————————●———————————

Tu eres la causa de todo lo que te pasa,
Ten cuidado de lo que tú causas.

SOLO POR HOY

1. Sólo por hoy, seré feliz. La felicidad es algo interior; no es asunto de fuerza.

2. Sólo por hoy, trataré de ajustarme a lo que es y no trataré de ajustar todas las cosas a mis propios deseos. Aceptaré mi familia, mis negocios y mi suerte como son y procuraré encajar en todo ello.

3. Sólo por hoy, trataré de vigorizar mi espíritu. Aprenderé algo útil. Leeré algo que requiera esfuerzo, meditación, concentración.

4. Sólo por hoy, ejercitaré mi alma de tres modos. Haré a alguien algún bien sin que él lo descubra. Y haré dos cosas que no me agrade hacer sólo por ejercitarme.

5. Sólo por hoy, seré agradable. Tendré el mejor aspecto que pueda, me vestiré con la mayor corrección a mi alcance, hablaré en voz baja, me mostraré cortés, veré generoso en la alabanza, no criticaré a nadie, no encontraré defectos en nada y no intentaré dirigir o enmendar al prójimo.

6. Sólo por hoy, tendré media hora tranquila de soledad y descanso. En esta media hora pensaré en Dios, a fin de conseguir una mayor perspectiva para mi vida.

7. Sólo por hoy, no tendré miedo y especialmente no tendré miedo de ser feliz, de disfrutar lo bello; de amar y de creer que los que amo me aman.

Frank Crane

———————————————•———————————————

A una mujer que se quejaba de que las riquezas no habían conseguido hacerla feliz le dijo El Maestro:

"Hablas como si el lujo y el confort fueran ingredientes de la felicidad, cuando de hecho lo único que necesitas para ser feliz realmente es algo por lo que entusiasmarte".

Sabiduría oriental.

EN VIDA, HERMANO, EN VIDA

Si quieres hacer feliz,
a alguien que quieres mucho. . .
dícelo hoy, sé muy bueno. . .
en vida, hermano, en vida.

Si deseas dar una flor
no esperes a que se mueran,
mándala hoy con amor. . .
en vida, hermano, en vida.

Si deseas decir: "Te quiero"
a la gente de tu casa,
al amigo cerca o lejos,
en vida, hermano, en vida.

No esperes a que se muera,
la gente para quererla,
y hacerle sentir tu afecto,
en vida, hermano, en vida.

Tu serás muy muy feliz,
si aprendes a hacer felices,
a todos los que conozcas. . .
en vida, hermano, en vida.

Nunca visites panteones,
ni llenes tumbas de flores,
llena de amor corazones.
En vida, hermano, en vida.

A. Rabatte

*Dar produce más felicidad que recibir, no porque sea una privación,
sino porque en el acto de dar está la expresión de mi vitalidad.*

DIEZ CONSEJOS PARA SER FELIZ.

1. Al abrir los ojos por la mañana, dígase a sí mismo: ¡Qué maravilloso es estar con vida! Este día me debe ir mucho mejor que ayer.

2. Nunca se olvide de que usted controla su propia vida. Convénzase: 'Yo estoy a cargo de lo que me pase, yo soy el único responsable'.

3. Alégrese cuando se dirija a su trabajo. Siéntase feliz de contar con un empleo en estos tiempos de crisis económica.

4. Aproveche al máximo sus ratos de ocio. No se siente, ni empiece a flojear cuando puede estarse divirtiendo o disfrutando de algún pasatiempo.

5. No se deje agobiar por sus problemas económicos. Para los más de nosotros, que no podemos darnos el lujo de ser extravagantes, sencillamente ahorrar dinero para adquirir un artículo de lujo puede darnos un sentimiento de gran satisfacción.

6. No se compare con los demás, la gente que lo hace tiende a la melancolía.

7. Sea menos crítico. Acepte sus limitaciones y las de sus amigos. Concéntrese en sus habilidades y en las de ellos.

8. Mejore su sentido del humor. No se tome demasiado en serio, trate de encontrarle el lado humorístico a los momentos de adversidad.

9. Tome su tiempo. No trate de hacer todo a la vez.

10. Sonría más, más a menudo, a más gente.

   ¡Felicidades! . . . . . .
   El tiempo te obsequia un libro en blanco, lo que en él escribas será de tu propia inspiración. De tí depende elegir la tinta arcoiris de la dicha o la gris y opaca del desaliento y la amargura. Las palabras dulces y hermosas del lenguaje del amor o el relato tenebroso y destructor del odio.

   ¿Qué escribirás amigo, en cada día que te falta por llenar? . . .

SI YO CAMBIARA

Si yo cambiara mi manera de pensar hacia otros,
                    me sentiría sereno.
Si yo cambiara mi manera de actuar ante los demás,
                    los haría felicces.
Si yo aceptara a todos como son,
                    sufriría menos.
Si yo me aceptara tal cual soy, quitándome mis defectos,
                    cuánto mejoraría mi hogar, mi ambiente. . .
Si yo comprendiera plenamente mis errores,
                    sería humilde.
Si yo deseara siempre el bienestar de los demás,
                    sería feliz.
Si yo encontrara lo positivo en todos,
                    la vida sería digna de ser vivida.
Si yo amara el mundo. . .
                    lo cambiaría.
Si yo me diera cuenta de que al lastimar
                    el primer lastimado soy yo.
Si yo criticara menos y amara más. . .
                    Si yo cambiara. . .
cambiaría al mundo.

Ana María Rabatté

La felicidad de hoy no es grano para ser almacenada en una caja. No
es vid a quedarse en una vasija. No puede conservarse para mañana.
Debe sembrarse y cosecharse el mismo día.

Si lloras por haber perdido el sol
las lágrimas te impedirán ver las estrellas.

Un gato grande vio como un gatito trataba de pescarse la cola y le preguntó:

¿Por qué tratas de pescarte la cola de esa forma? A lo que el gatito contestó: He aprendido que lo mejor para un gato es la felicidad y y que la felicidad es mi cola; cuando la pesque, habré logrado la felicidad.

El gato viejo le dijo: Hijo mío, yo también le he prestado atención a los problemas del mundo y también pensé que mi cola era la felicidad. Pero me he dado cuenta de que cuando la persigo se me escapa y cuando voy haciendo lo que tengo qué hacer, ella viene detrás de mí por donde quiera que yo vaya.

———————————————————●———————————————————

Si piensas que eres maltratado contínuamente,
tu estás cooperando con el tratamiento.

———————————————————●———————————————————

Si tu vida no está siendo de la forma que quieres,
fíjate en que estás mintiendo.

"Un amigo es un hermano que elegimos".

Francisco J. José Droz

AMISTAD

Si tienes un amigo, has merecido un don divino. La amistad leal, sincera, desinteresada, es la verdadera comunión de las almas. Es más fuerte que el amor, porque éste suele ser celoso, egoísta y vulnerable. La verdadera amistad perdura y se fortalece a través del tiempo y la distancia.

No se necesita ver frecuentemente al amigo para que la amistad perdure. Basta saber que éste responderá cuando sea necesario, con un acto de afecto, de comprensión y aún de sacrificio.

La amistad no se conquista, no se impone; se cultiva como una flor; se abona con pequeños detalles de cortesía, de ternura y de lealtad; se riega con las aguas vivas de desinterés y de cariño silencioso. No importan las distancias, los niveles sociales, los años o las culturas. La amistad todo lo borra.

El recuerdo del amigo lejano, del amigo de la niñez o el de la juventud, produce la íntima alegría de haberlos conocido. Nuestra vida se enriqueció con su contacto por breve que haya sido.

La felicidad del amigo nos da felicidad: sus penas se vuelven nuestras porque hay un maravilloso lazo invisible que une a los amigos. La amistad es bella sobre toda ponderación. Para el que tiene un amigo, no existe la soledad.

ROMANCE DEL AMIGO

I

No tan cerca del amigo
que bien querido se sabe;
ni tan lejos del amigo
que en ansiedad nos reclama.

No dejar crecer la hierba
en caminos de amistad,
y que haya vino en la mesa
para ofrendar pan y sal.

II

A quien tiene un buen amigo
dio dos almas el Señor;
pero perder al amigo
ésto no perdona Dios.

Y que no medre la hierba
en sendas de afinidad,
y no falten en la mesa
la sal, el vino y el pan.

III

Gozar con el viejo amigo
nuestra moneda más nueva;
sufrir con el nuevo amigo
nuestra más vieja querella.

No pueblen cardo ni hierba
veredas de intimidad
porque tenga nuestra mesa
camino franco a llegar.

IV

No tan cerca del amigo
con cariño que empalague;
ni tan lejos del amigo
que nuestra imagen deslave.

Arrancar la mala hierba,
y hacer fuego en el hogar;
que no agrie el vino la mesa,
ni amarguen la sal y el pan.

Ernesto Abad y Soria

36

TODOS TENEMOS HAMBRE

Bien sabes que todos tenemos hambre:
hambre de pan, hambre de amor, hambre de conocimiento, hambre
de paz.

Este mundo es un mundo de hambrientos.
El hambre de pan, melodramática, soflamera, ostentosa, es la que
más nos conmueve, pero no es la más digna de conmovernos.

¿Qué me dices del hambre de amor?
¿Qué me dices de aquel que quiere que lo quieran y se pasa la vida
sin que nadie le dé una migaja de cariño?

Pues ¿y el hambre de conocimiento?
El hambre del pobre espíritu que ansía saber y choca brutalmente
contra el zoclo de granito de la Esfinge?

¿Y el hambre de paz que atormenta al peregrino inquieto, obligado a
desgarrarse los pies y el corazón por los caminos?

Todos tenemos hambre, sí, y todos por lo tanto podemos hacer
caridad.

Aprende a conocer el hambre del que te habla. . . en el concepto de
que, fuera del hambre de pan, todas se esconden. Cuanto más
inmensas, más escondidas.

Amado Nervo

La amistad multiplica los goces
y divide las penas.

Cuenta tu jardín por las flores,
no por las hojas caídas.
Cuenta tus días por las horas doradas,
y olvida las penas habidas.
Cuenta tus noches por estrellas,
no por sombras.
Cuenta tu vida por sonrisas,
no por lágrimas.
Y para tu gozo en esta vida,
cuenta tu edad por amigos,
no por años.

———————————•———————————

La amistad es una planta que crece con lentitud y tiene que aguantar las sacudidas de la adversidad antes de merecer su nombre.

———————————•———————————

Qué difícil es ganar un amigo en un año, y qué fácil perderlo en un momento.

———————————•———————————

"La amistad del hombre es con frecuencia un apoyo; la de la mujer es siempre un consuelo".

Johann Paul Richter

LA FAMILIA

A todos nos gusta pertenecer, saber que formamos parte de algo. Saber que somos amados y aceptados; entonces hagamos de nuestra familia un grupo de amigos en donde encontremos paz, comprensión y compañía. Formemos parte de tal manera que siempre se piense en plural y no en el "yo" egoísta.

Pensemos en el bienestar nuestro, en nuestros problemas y en nuestras satisfacciones, compartamos no sólo las ventajas de pertenecer a una familia, sino las responsabilidades, para que formando un frente unido podamos juntos enfrentarnos a los problemas de una forma solidaria y generosa.

Que hermoso sería que toda la humanidad lograra algún día formar una Gran Familia.

Helen Hernández

———————————●———————————

Uno se hace ilusiones que luego se pierden, las ilusiones están hechas para ser perdidas una a una.

¿Y si no tienes ilusiones?

Si no tienes ilusiones, invéntalas, debes tratar de tener siempre muchas ilusiones, para que te puedas dar el lujo de perder una cada día.

Pita Amor

———————————●———————————

Tu enemigo puede ser tu amigo, si le permites ser quien es.

¿Dónde está el hogar? El hogar está donde el corazón ríe sin timidez; donde las lágrimas del corazón se secan por sí solas.

Vernon Blake

*"Tal es la naturaleza del hombre,
que por el primer regalo - se postra ante tí;
por el segundo - te besa la mano;
por el tercero - se muestra afectuoso;
por el cuarto - mueve la cabeza en señal de
                 aceptación;
por el quinto - está demasiado acostumbrado;
por el sexto - te insulta; y
por el séptimo - te demanda porque no le has
                  dado lo que se merece".*

Dicho de la sabiduría popular rusa.

SER HOMBRE

Ser hombre no es nada más ser varón
simple individuo del sexo masculino.

Ser hombre es hacer las cosas, no buscar razones
para demostrar que no se puede hacer.

Ser hombre es levantarse cada vez que se cae
o se fracasa, en vez de explicar por qué se fracasó.

Ser hombre es ser digno, consciente de sus actos
y responsable.

Ser hombre es saber lo que se tiene que hacer y hacerlo;
saber lo que se tiene que decir y decirlo,
es también saber decir no.

Ser hombre es levantar los ojos de la tierra,
elevar el espíritu, soñar con algo grande.

Ser hombre es ser persona, es decir, alguien distinto
y diferente a los demás.

Ser hombre es ser creador de algo: un hogar, un negocio,
un puesto, un sistema de vida.

Ser hombre es entender el trabajo no solamente
como necesidad sino también como privilegio y don
que dignifica y enorgullece.

Ser hombre es tener vergüenza; sentir vergüenza de
burlarse de una mujer, de abusar del débil, de mentir al
ingenuo.

Ser hombre, es comprender la necesidad de adoptar una
disciplina basada en principios sanos y sujetarse por su
propia deliberada voluntad a esa disciplina.

Ser hombre, es comprender que la vida no es algo que se
nos da ya hecho, sino que es la oportunidad para hacer
algo bien hecho y de trascendencia.

Hombre de esta talla y de esta alcurnia los necesita
el mundo, los reclama México y los exige Dios.

ARTICULO "HOMBRE"

Se precisan veinte años para llevar al hombre del estado de planta en que se encuentra en el vientre de su madre, y del estado puro animal, que es la condición de su primera infancia, hasta el estado en que empieza a manifestarse la madurez de la razón. Han sido precisos treinta siglos para conocer un poco su estructura. Sería precisa la eternidad para conocer algo de su alma. No es preciso sino un instante para matarlo.

Dictionnaire Philosophique
Voltaire

"Desde mi punto de vista, solo puede ser llamado notable el hombre que se distingue de los demás por los recursos de su espíritu y que sabe contener las manifestaciones provenientes de su naturaleza, mostrándose al mismo tiempo justo e indulgente hacia las debilidades de los demás".

G. J. Gurdjieff.

EL MUNDO BUSCA HOMBRES

El mundo anda siempre en busca de hombres que no se vendan; de hombres honrados, sanos desde el centro hasta la periferia, íntegros hasta el fondo del corazón.

Hombres de conciencia fija e inmutable como la aguja que marca el norte. Hombres que defiendan la razón aunque los cielos caigan y la tierra tiemble.

Hombres que digan la verdad sin temor al mundo. Hombres que no se jacten ni huyan; que no flaqueen ni vacilen.

Hombres que tengan valor sin necesidad de acicate. Hombres que sepan lo que han de decir y lo digan; que sepan cuál es su puesto y lo ocupen; hombres que conozcan su trabajo y su deber y lo cumplan.

Hombres que no mientan, ni se escurran ni rezonguen, hombres que quieran comer sólo lo que han ganado y que no deban lo que llevan puesto.

O. Sweet M.

La mayor parte de nuestra vida estamos dedicados a demostrar algo, ya sea a nosotros mismos o a otros.

MI BUSQUEDA NO ES SENCILLA

He encontrado a mi paso amigos, enemigos, conocidos, científicos, intelectuales, pacifistas, pero aún continúo mi pesquisa por lo que yo deseo; es solamente "el hombre".

"Un hombre" que no tema a la ternura, que se atreva a ser débil cuando necesite detenerse a recobrar fuerzas para la lucha diaria; que no piense que al amarse lo derroto, o que al amarlo me aniquila.

"Un hombre" que me proteja de los demás y de mí misma, que conociendo mis errores, los acepte y me ayude a corregirlos.

"Un hombre" que quiera y sepa reconocer mis valores espirituales y sobre ellos pueda construir todo un mundo, que nunca me rebaje con su trato.

"Un hombre" que con cada amanecer me ofrezca una ilusión, que aliente nuestro amor con toda delicadeza para que una flor entregada con un beso tenga más valor que una joya.

"Un hombre" con el que pueda hablar, que jamás corte el puente de comunicación y antes que me atreva a decir cuanto pienso sin temor de que me juzgue y se ofenda y que sea capaz de decírmelo todo, incluso que no me ama.

"Un hombre" que tenga siempre los brazos abiertos para que yo me refugie en ellos cuando me sienta amenazada e insegura, que conozca su fortaleza y mi debilidad; pero jamás se aproveche de ello.

"Un hombre" que tenga abiertos los ojos a la belleza, a quien domine el entusiasmo y ame intensamente la vida, para quien, cada día sea un regalo inapreciable que hay que vivir plenamente aceptando el dolor y la alegría con igual serenidad.

"Un hombre" que sepa ser siempre más fuerte que los obstáculos, que jamás se amilane ante la derrota y para quien los contratiempos sean más estímulos que adversidad, pero que esté tan seguro de su poder que no se sienta en la necesidad de demostrarlo a cada minuto en empresas absurdas sólo para probarlo.

"Un hombre" que no sea egoísta, que no pida lo que no se ha ganado, pero que siempre haga esfuerzos para tener lo mejor porque lo ha ganado.

"Un hombre" que goce dando y sepa recibir.

"Un hombre" que se respete a sí mismo, porque así sabrá respetar a los demás; que no recurra jamás a la burla ni a la ofensa, que más rebajan a quien las hace que a quien las recibe.

"Un hombre" que no tenga miedo de amar, ni que se envanezca porque es amado, que goce el minuto como si fuera el último, que no viva esperando el mañana porque tal vez nunca llegue.

. . . cuando lo cuentre lo amaré intensamente.

La mayor parte del tiempo no nos comunicamos,
solo tomamos turnos para hablar.

La aspiración fundamental de todo hombre
debe ser conquistar su libertad interior y preparar
de ese modo una dichosa vejez.
   Para conseguir esto, se deben seguir
los cuatro siguientes fundamentos:

1o.   Amar a los padres
2o.   Conservar la pureza sexual.
3o.   Manifestar igual cortesía a todos, ricos o pobres,
      amigos o enemigos, poderosos o esclavos,
      sea cual fuere la religión a la que pertenezcan;
      pero seguir siendo libre interiormente y nunca
      dar demasiada confianza a nada ni a nadie.
4o.   Amar al trabajo por el trabajo mismo
      y no por la ganancia.

———————————————●———————————————

No nos casamos con una persona, sino con tres: La que uno cree
que es, la que en realidad es y la persona en que se convertirá como
resultado de haberse casado con uno.

———————————————●———————————————

Un matrimonio no se mantiene unido por medio de cadenas, sino
de hilos; cientos de delgadísimos hilos que enlazan las vidas de las
personas a través de los años.

EL HOMBRE Y LA MUJER

El hombre es la más elevada de las criaturas,
la mujer el más sublime de los ideales;

El hombre es el cerebro, la mujer el corazón;
el cerebro fabrica la luz, el corazón el amor;
la luz fecunda, el amor resucita;

El hombre es fuerte por la razón, la mujer es invencible
por las lágrimas;
la razón convence, las lágrimas conmueven;

El hombre es capaz de todos los heroísmos,
la mujer de todos los martirios;
el heroísmo ennoblece, el martirio sublima;

El hombre es un código, la mujer es un sagrario;
el código corrige, el evangelio perfecciona;

El hombre es un templo, la mujer es un santuario;
ante el templo nos descubrimos, ante el santuario nos arrodillamos;

El hombre piensa, la mujer sueña;
pensar es tener en el cráneo una larva,
soñar es tener en la frente una aureola;

El hombre es un océano, la mujer es un lago;
el océano tiene la perla que adorna,
el lago, la poesía que deslumbra;

El hombre es el águila que vuela,
la mujer el ruiseñor que canta;
volar es dominar el espacio,
cantar es conquistar el alma;
En fin,
El hombre está donde termina la tierra,
la mujer donde comienza el cielo.

MUJER

Dios, que estaba ocupado en crear a las madres, llevaba ya seis días trabajando extraordinariamente cuando un angel se le presentó y le dijo:

"Te afanas demasiado, Señor".

Y el señor le repuso:

"¿Acaso no has leído las especificaciones que debe llenar este pedido? Esta criatura tiene que ser lavable de pies a cabeza, pero sin ser de plástico; llevar 180 piezas movibles, todas reemplazables, funcionar a base de café negro y de las sobras de la comida. Poseer un regazo que desaparezca cuando se ponga de pie; un beso capaz de curarlo todo, desde una pierna rota hasta un amor frustrado. . . y seis pares de manos".

Y el angel confundido observó:

"¿Seis pares de manos? Eso no es posible".

"No son las manos el problema, agregó el señor, sino los tres pares de ojos".

"Y eso ¿para el modelo normal?", inquirió el angel.

El Señor insistió; uno para ver a través de la puerta siempre que pregunte: "¿niños, qué andan haciendo?" aunque ya lo sepa muy bien. Otro, detrás de la cabeza para ver lo que más valiera ignorar pero precisa saber. Y, desde luego, los de adelante para mirar a un niño en apuros y decirle, sin pronunciar siquiera una palabra, "ya entiendo hijo y te quiero mucho".

El angel tiró de la manga y advirtió mansamente: "Vale más que te vayas a la cama, Señor, mañana será otro día. . .

"No puedo, y además me falta poco. Ya hice una que se cura por sí sola cuando enferma, que es capaz de alimentar a una familia de seis con medio kilo de carne molida y de persuadir a un chiquillo de nueve años que se esté quieto bajo la ducha.

Lentamente el angel dio la vuelta en torno de uno de los modelos maternales. "Me parece demasiado delicado", comentó con un suspiro.

"Pero es muy resistente", aseguró Dios emocionado, "no tienes idea de lo que es capaz de hacer y de sobrellevar".

"¿Podrá pensar?"

"¡Claro! Y razonar y transigir".

Por último el angel se inclinó y pasó una mano por la mejilla del modelo.

"¡Tiene una fuga!"

"No es una fuga, es una lágrima".

"Y ¿para qué sirve?"

"Para expresar gozo, aflicción, desengaño, pesadumbre, soledad y orgullo".

"Eres un genio, Señor", dijo el angel.

Y Dios, con un perfil de tristeza, observó: "Yo no se la puse".

———————————●———————————

La gran ambición de las mujeres es inspirar amor.

Moliere

LA MUJER ACTUAL

Las mujeres representamos el 50% de la población mundial y nuestra influencia se hace sentir más fuertemente cada día, por eso nuestra responsabilidad aumenta constantemente ya que hemos cobrado conciencia del papel que actualmente jugamos en el mundo.

Se culpa al hombre de un sin fin de defectos, pero si nos preguntamos quién forma al hombre, tendremos que aceptar que somos las mujeres quienes les damos educación y forma. Las madres "abnegadas" que sufren en silencio están dando una falsa imagen de lo que la mujer debe de ser. La mujer debe ser libre, no libertina, pero para lograr su independencia la mujer tiene que prepararse intelectualmente para ser autosuficiente y dejar de ser "la martir" que soporta todo por no bastarse a sí misma.

En la mujer, se conjugan cualidades únicas. La mujer es fuerte y sensible, apasionada y tierna, docil y graciosa cuando quiere.

La inteligencia de la mujer no es inferior a la del hombre, es quizá diferente.

La mujer debe renovarse y "revelarse" es decir mostrar su verdadera esencia. Debe ser complemento importantísimo del hombre no enemiga o rival.

Ser mujer es un reto que debemos superar con dignidad demostrando nuestra capacidad.

Ser mujer es un privilegio ya que somos "socias" en el proceso divino de la creación.

Helen Hernández

Tiene los ojos tristes
la mirada cansada
las manos arrugadas.
Pero el alma de un roble
y el candor de un canario
y su canto nos dice
el camino a seguir.

Es remanso de mi alma
es pasión cautivada
es entereza total.
Cultivó nuestras vidas
pero llegó el momento
de extender nuestras alas
hacia bosques lejanos. . .

Y poder demostrarle
que no en vano luchó
que no puedo expresarle
mi eterna gratitud.
Que puede estar tranquila
pues cumplió su misión.

No necesito nombrarla
a ella no le gustaría
pero ya todos saben
que ella es la flor de la vida.

Canción de Oscar Zoebisch Campos

...."No soy tan hermosa como las flores que adoré. Tengo muchas manchas y defectos. Soy una viajera que pasa por el gran camino del mundo; mis ropas están sucias y mis pies sangran a causa de las espinas.

¿Cómo iba a conseguir la belleza de las flores, la hermosura inmaculada de la vida en un instante? Este don que traigo orgullosa no es otro que el corazón de una mujer.

Aquí tienes unidos los gozos y pesares, la esperanza, los temores, las vergüenzas de una de las hijas de la tierra.

De este corazón mana el amor en un esfuerzo por lograr una vida inmortal. Tiene una imperfección que no obstante, es noble y grande.

Si el rito de la flor ha concluido, acepta, dueño mío, lo que soy, como servidora tuya para los días que han de venir".

La mayoría de nosotras se casará. Nadie puede prometernos que durará. Nuestro amor puede estar en otras personas, pero nuestra seguridad está en nosotras mismas.

Nancy Fraiday
"Mi madre, yo misma".

TU ME QUIERES BLANCA

Tú me quieres alba, me quieres de espuma,
me quieres de nácar. Que sea azucena
sobre todas casta, de perfume tenue,
corola cerrada, ni un rayo de luna
filtrado me haya, ni una margarita
se diga mi hermana. Tú me quieres nívea
tú me quieres blanca, tú me quieres casta.

Tú que hubiste todas las copas a mano;
¡de frutas y mieles los labios morados!
Tú que en el banquete cubierto de pámpanos,
dejaste las carnes festejando a Baco.
Tú que en los jardines negros del Engaño
vestido de rojo corriste a Estrago.
Tú que el esqueleto conservas intacto
no sé todavía por cuáles milagros;
me pretendes blanca... ¡Dios te lo perdone!
me pretendes casta... ¡Dios te lo perdone!
¡me pretendes alba!

Huye hacia los bosques, vete a la montaña
límpiate la boca, vive en las cabañas,
toca con las manos la tierra mojada.
Alimenta el cuerpo con raíz amarga,
bebe de las rocas, duerme sobre escarcha,
renueva tejidos con salitre y agua,
habla con los pájaros y elévate al alba;
y cuando las carnes te sean tomadas
o cuando hayas puesto en ellas el alma
que por las alcobas se quedó enredada,
entonces, buen hombre, preténdeme nívea,
¡preténdeme blanca, preténdeme casta!

Alfonsina Storni
Poeta uruguaya.

53

LA FALTA DE MEMORIA DEL AMOR

"Porqué no dejas nunca de hablar de mis pasados errores", le preguntó el marido a su mujer. "Yo pensaba que habías perdonado y olvidado".

"Y es cierto. He perdonado y olvidado", respondió la mujer. "Pero quiero estar segura de que tu no olvides que yo he perdonado y olvidado".

———————————•———————————

Porque soy mujer, debo hacer un esfuerzo extraordinario para tener éxito. Si fracaso, nadie dirá "ella no tiene lo que se necesita", sino que dirán: "Las mujeres no tienen lo que se necesita".

Claire Boothe-Luce

———————————•———————————

Feminista es la mujer que asume su derecho y ejerce sus capacidades plenamente en defensa de los demás y de sí misma, y no aquella que se marcha en lid constante con el varón, armada de recursos viriles.

Juan Lezama
Periodista mexicano.

———————————•———————————

Los divorcios son definitivos mucho antes de que lleguen ante la corte.

Una mujer estaba agonizando. De pronto, tuvo la sensación de que era llevada al cielo y presentada ante el Tribunal.

"¿Quién eres?" dijo una voz.

"Soy la mujer del alcalde", respondió ella.

"Te he preguntado quién eres, no con quién estás casada".

"Soy la madre de cuatro hijos";

"Te he preguntado quién eres, no cuantos hijos tienes".

"Soy una maestra de escuela".

"Te he preguntado quién eres, no cual es tu profesión".

"Soy una cristiana".

"Te he preguntado quién eres, no cuál es tu religión".

"Soy una persona que iba todos los días a la iglesia y ayudaba a los pobres y necesitados".

"Te he preguntado quién eres, no lo que hacías".

Tu obligación es ser. No ser un personaje ni ser un don nadie, sino simplemente ser.

Tus hijos no son tus hijos,
son hijos de la vida,
deseosa de sí misma.

No vienen de tí, sino a través de tí
y, aunque estén contigo
no te pertenecen.

Puedes darles tu amor,
pero no tus pensamientos,
pues ellos tienen sus propios pensamientos.

Debes abrigar sus cuerpos,
pero no sus almas,
porque ellas viven en la casa del mañana,
que no puedes visitar ni siquiera en sueños.

Puedes esforzarse en ser como ellos,
pero no procures hacerlos semejantes a tí.

Porque la vida no retrocede,
ni se detiene en el ayer.

Tú eres el arco del cual tus hijos
como flechas vivas son lanzados.

Deja que la inclinación
en tu mano de arquero,
sea para la felicidad.

Gibrán Jalil Gibrán
Poeta y filósofo libanés.

ORACION DE UN PADRE

Dame Señor un hijo que sea lo bastante fuerte
para saber cuándo es débil,
y lo bastante valeroso para enfrentarse consigo
mismo cuando sienta miedo;
un hijo que sea orgulloso e inflexible en la
derrota honrada, y humilde y magnánimo en la victoria,
dame un hijo que nunca doble la espalda cuando
deba erguir el pecho,
un hijo que sepa conocerte a Ti. . .
y conocerse a sí mismo,
que es la piedra fundamental de todo conocimiento.
Condúcelo te lo ruego, no por el camino cómodo
y fácil sino por el camino áspero, aguijoneado por las
dificultades y los retos,
déjalo aprender a sostenerse firme en la tempestad,
y a sentir compasión por los que fallan,
Dame un hijo, cuyo corazón sea claro,
cuyos ideales sean altos,
un hijo que se domine a sí mismo antes que pretenda
dominar a los demás;
un hijo que aprenda a reir, pero que también sepa llorar;
un hijo, que avance hacia el futuro pero que nunca
olvide el pasado,
y después que le hayas dado todo eso,
agrégale, te lo suplico,
suficiente sentido del humor,
de modo que pueda ser siempre serio,
pero que no se tome a sí mismo demasiado en serio,
dale humildad, para que pueda recordar siempre
la sencillez de la verdadera grandeza,
la imparcialidad de la verdadera sabiduría,
la mansedumbre de la verdadera fuerza,
entonces, yo, su padre, me atreveré a murmurar:
"No he vivido en vano"

A MI HIJO

Hijo mío,
si quieres amarme bien puedes hacerlo,
tu cariño es oro que nunca desdeño,
mas quiero que sepas que nada me debes,
soy ahora el padre, tengo los deberes.

Nunca en la alegría de verte contento
he trazado signos de tanto por ciento.

Mas ahora, mi niño, quisiera avisarte,
mi agente viajero llegará a cobrarte.

Presentará un cheque de cien mil afanes,
será un hijo tuyo, gota de tu sangre.

Y entonces mi niño, como un hombre honrado
en tu propio hijo deberás pagarme.

Rudyard Kipling
Escritor británico.

*Cuando te conviertas en alguién importante, observa
que realmente no eres tan importante.*

SER HOMBRE
(a mi hijo Michel, al cumplir sus quince años).

Ser hombre, hijo mío,
es pisar en las brazas del miedo
y seguir caminando.
Soportar el dolor de la carne en silencio
y aridez en los ojos,
mas dejar que las lágrimas fluyan
si el quebranto es del alma.

Es cercar el valor de prudencia
y el ardor de cautela,
sin torcer el propósito,
sin mellar la decisión forjada en el tesón,
la paciencia, la razón, la experiencia
y la meditación.

Es pasar,
—con los brazos ceñidos al cuerpo,
los labios inmóviles,
conteniendo el aliento—
junto al castillo de arena
(que es la felicidad que construyó otro hombre)
si con tu palabra,
o al extender tu brazo
pudieras derribarle.
¡Porque arruinar la dicha de tu prójimo
es más grave, peor, que introducir tu mano
en el bolsillo
para robarle!

Hijo mío,
no desdeñes el oro
más no dejes que el oro señoreé tu vida.
Acumula bastante
para no tener nunca
que extender tu mano a la piedad de otro,
y sí poder en cambio,
poner algo en la mano que hacia tí se extiende.

Y al que te pide un pan no le des un consejo.
No te juzgues más sabio que aquél que busca ayuda.
Dale apoyo y aliento y comparte su carga.
Dale tu oro y tu esfuerzo,
y después da el consejo.

Al temor no le pongas el disfraz del perdón;
el valor, hijo mío, es la virtud más alta
y confesar la culpa el supremo valor.
No eches pues en los hombros de tu hermano la carga,
ni vistas a los otros las ropas de tu error.
Es tu deber, si caes, no obstante la caída,
tu ideal y tu anhelo mantener siempre enhiestos;
y no buscar la excusa, ni encontrar la disculpa.
Los héroes, hijo mío, nunca esgrimen pretextos.

La mentira es hollín, no te manches los labios.
Y no ostentes ser rico, ser feliz o ser sabio
delante del que exhibe la llaga del fracaso.
No subleves la envidia, la admiración, los celos;
y busca la sonrisa, no busques el aplauso.

Y perdónale al mundo su error, si no valora
tus merecimientos en lo que crees que valen;
(es probable hijo mío, que el más justo avalúo
es el que el mundo hace).

Y por fin, hijo mío:
que no turbe tu sueño la conciencia intranquila;
que no mengüe tu dicha el despecho abrasivo,
ni tu audacia flaquee ante la adversidad.
No deforme tu rostro jamás la hipocresía
y no toque tu mano, traición o deslealtad.

Y aún hay más, hijo mío:
que al volver tu mirada
sobre el camino andado
no haya lodo en tus pies,
ni se encuentre en tu huella
una espiga,
una mies,
o una flor
pisoteada.

Hijo mío, es esto
lo que esa breve frase "Ser hombre"
significa.

Elías M. Zacarías

—¿Cómo nací? ¿Cuál es mi principio?

Pregunté un día a mis padres. Me miraron con gran ternura y con felicidad radiante.

Me invitaron a sentarme en medio de ellos y sin dudas ni titubeos o poses especiales empezó a hablar mi padre:

—Tu principio somos nosotros dos. Nos unimos, por amor, y de nuestra comunidad naciste tú. Quiero decir, que nosotros dos estamos unidos en ti. Tú eres la expresión sensible y tangible de nuestra unión. Eres parte de nosotros mismos. Desde que tu mamá y yo nos conocimos y empezamos a tratarnos, ya pensábamos en ti. Eras nuestra ilusión, nuestra esperanza, expresión de nuestro amor, y esto hizo que cada uno de nosotros diera algo de sí para que existieras.

Dr. Alfonso Orozco

Cuando tienes la necesidad imperiosa de ayudar a otra gente cuida de no convertirlas en inútiles.

62

Si el Supremo Creador te da un hijo,
¡tiembla! por el sagrado depósito
que te confiere.

Haz que ese hijo
hasta los diez años te admire,
hasta los veinte te ame

Sé para ese hijo
hasta los diez años su padre,
hasta los veinte su maestro
y hasta la muerte su amigo.

———————————●———————————

VIVIR

Sé un hombre útil
más que un hombre hábil,
honesto aunque no te vean.

Sé alguien que viva como piensa.

Vivir no es sólo existir,
sino existir y crear,
saber sufrir y gozar,
y en vez de dormir, soñar.

Descansar es un poquito morir.

———————————●———————————

El mayor riesgo en la vida es no arriesgar.

COMO HIJO POBRE

Es absolutamente necesario que se comprenda el error de aquellos padres que se proponen darle al hijo felicidad, como quien da un regalito.

Lo más que se puede hacer es encaminarlo hacia ella para que él la conquiste.

Difícil, casi imposible será después. Cuanto menos trabajo se tomen los padres en los primeros años, más, muchísimo más, tendrán en lo futuro.

Habitúalo, madre, a poner cada cosa en su sitio y a realizar cada acción a su tiempo. El orden es la primera ley del cielo.

Que no esté ocioso; que lea, que dibuje, que te ayude en alguna tarea, que se acostumbre a ser atento y servicial. Deja algo en el suelo para que él lo recoja; incítale a limpiar, arreglar, cuidar o componer alguna cosa, que te alcance ciertos objetos que necesites; bríndale, en fin, las oportunidades para que emplee sus energías, su actividad, su voluntad y lo hará con placer.

Críalo como hijo pobre y lo enriquecerás; críalo como hijo rico y lo empobrecerás para toda su vida.

Los sentimientos de inferioridad y superioridad
son iguales, ambos proceden del miedo.

PARA TU JUEGO MAS IMPORTANTE...

*Toma el balón, hijo, y te nombro Quarter Back de
tu equipo en el juego de la vida.
Soy tu coach y te la doy tal como es.
Sólo hay un calendario de juegos:
dura toda la vida y es un sólo juego.*

*Es un largo partido, sin tiempos fuera ni sustituciones.
Tú juegas el partido entero toda tu vida.
Tendrás un gran backfield y mandarás señales;
pero tus otros tres compañeros, atrás de la línea,
también tienen gran prestigio, se llaman:
Fé, Esperanza y Caridad.*

*Jugarás detrás de una línea
verdaderamente poderosa.
De un extremo a otro de ella, se hallan:
Honestidad, Lealtad, Devoción al deber,
Respeto a tí mismo, Estudio, Limpieza y Buena conducta.*

*Los postes del gol, son las perladas puertas del Cielo.
Dios es el réferi y único árbitro.
El hace todas las reglas y no hay apelación contra ellas.*

*Hay diez reglas básicas. Tú las conoces como los Diez Mandamientos,
y las aplicas estrictamente de acuerdo con tu propia religión.
Hay también una regla fundamental: lo que tú quisieras que otros
hicieran por tí, hazlo tu por ellos.*

*En este juego, si llegas a perder el balón, pierdes también el
juego. Aquí está el balón. Es tu alma inmortal. Estréchala
contra tí. Ahora hijo: ¡Sal al campo y veamos qué puedes hacer
con ella!*

Vince Lombardi

La manera de ganar es aceptar que puedes perder.

QUE ES UN NIÑO

Los niños vienen en diferentes tamaños, pesos y colores. Se les encuentra donde quiera: encima, debajo, trepando, colgando, corriendo, saltando. . . Los papás los adoran, las niñas los odian, las hermanas y hermanos mayores los toleran; los adultos los desconocen, y el cielo los protege. Un niño es la verdad con la cara sucia, la sabiduría con el pelo desgreñado y la esperanza del futuro con una rana en el bolsillo.

Un niño tiene el apetito de un conejo, la digestión de un tragaespadas, la energía de una bomba atómica, la curiosidad de un gato, los pulmones de un dictador, la imaginación de Julio Verne, el entusiasmo de una chinampina y cuando hace algo, tiene cinco dedos en cada mano.

Le encantan los dulces, las navajas, la navidad, los libros con láminas, el chico de los vecinos, el campo, el agua, los animales grandes, papá, los trenes, los domingos por la mañana y los carros de bomberos. Le desagradan las visitas, la escuela, las lecciones de música, las corbatas, los peluqueros, las niñas, los abrigos y la hora de acostarse.

Nadie más se levanta tan temprano, ni se sienta a comer tan tarde. Nadie más puede traer en el bolsillo un cortaplumas oxidado, una fruta mordida, medio metro de cordel, dos caramelos, seis quintos, una honda, un trozo de sustancia desconocida y un auténtico anillo supersónico con un compartimiento secreto. . .

Un niño es una criatura mágica. Usted puede cerrarle la puerta del cuarto donde guarda la herramienta, pero no puede cerrarle la puerta del corazón; puede apartarlo de su estudio, pero no puede apartarlo de su mente. Todo el poderío suyo se rinde ante él.

Es su carcelero, su amo, su jefe. . . él, un manojito de ruido, carita sucia. Pero cuando usted regresa a casa con sus esperanzas y ambiciones hechas trizas, él puede remediarlo todo con dos mágicas palabras: "hola papito".

¿QUE ES UNA NIÑA?

Las niñas vienen en cinco colores: negro, blanco, rojo, amarillo y café. . . y usted siempre obtiene su color favorito al hacer su pedido. Para ellas no existe la ley del precio; hay millones de niñas pequeñas, pero cada una es tan valiosa como una finísima joya.

Cuando son creadas, se utiliza parte de la materia de muchas de las criaturas de la naturaleza: del ruiseñor, los cantos; de la mulita, la terquedad; del chango, las monerías; los brincos del chapulín, la curiosidad del gato, y añádale la mente incomprensible y misteriosa de la mujer.

Ella puede ser la más cariñosa del mundo y también la más necia. Se la encuentra brincando, cantando y haciendo toda clase de ruidos que le enojarán. Cuando le llama la atención, se queda quietecita, humilde, con ese brillo celestial en su mirada. Ella es la inocencia jugando en el lodo, la belleza echando maromas y también la más dulce expresión del amor materno cuando acaricia y duerme su muñeca.

Una niña nace con la leve aureola de brillo angelical del que siempre queda el suficiente halo de luz para robarnos el corazón, aun cuando llore a todo volumen, haga una rabieta o camine por la banqueta presumiendo con las ropas y zapatos de mamá.

Le encantan los zapatos nuevos, las muñecas, los helados, los vestidos domingueros, los moños de listón para adornarse el pelo, el kinder, los animales caseros, la niña del vecino, jugar a la casita y a la tiendita, el baile, los libros de iluminar, el colorete y el perfume. . . No le gustan los perros grandes, ni los niños, ni que le peinen el pelo. Es la más ruidosa cuando usted piensa en sus problemas, la más bonita cuando lo ha hecho desesperar, la más ocupada a la hora de dormir, la más seria e irritable cuando quiere lucirla ante las visitas, y la más coquetuela cuando usted ha resuelto que, definitivamente, no volverá a salirse con la suya. Nadie le da mayor disgusto o alegría, o el más legítimo orgullo que esta rara mezcla de Caperucita Roja y el Ratón Miguelito.

Puede desarreglarle sus papeles de trabajo, el pelo y la cartera; y precisamente en ese instante aparece su aureola angelical quitando como por encanto su disgusto. A veces le desesperarán sus gritos y alborotos; pero cuando usted se siente solo, ve al mundo en contra suya y sus anhelos y esperanzas parecen más distantes. . . ella lo transforma a usted en rey con sólo sentarse en sus rodillas, abrazarlo tiernamente y decirle al oído: "papito, te quiero mucho".

LOS NIÑOS APRENDEN LO QUE VIVEN

Si un niño vive criticado
aprenderá a condenar.

Si un niño vive con hostilidad
aprenderá a pelear.

Si un niño vive ridiculizado
aprenderá a ser tímido.

Si un niño vive avergonzado
aprenderá a sentirse culpable.

Si un niño vive alabado
aprenderá a apreciar.

Si un niño vive con honradez
aprenderá a ser justo.

Si un niño vive con seguridad
aprenderá qué es fe.

Si un niño vive con aprobación
aprenderá a quererse a sí mismo.

Si un niño vive con cariño y amistad
aprenderá a encontrar amor en el mundo.

D. Nolte

Tu interpretación de lo que ves y oyes,
es solo eso, tu interpretación.

LO QUE PIENSA EL HIJO DEL PADRE

A los siete años:
Papá es un sabio, todo lo sabe.

A los catorce años:
Me parece que papá se equivoca en algunas
de las cosas que me dice.

A los veinte años:
Papá está un poco atrasado en sus teorías,
no es de esta época.

A los veinticinco años:
El viejo no sabe nada. . . está chocheando decididamente.

A los treinta y cinco años:
Con mi experiencia, mi padre a esta edad
hubiera sido millonario.

A los cuarenta y cinco:
No sé si ir a consultar con el viejo este asunto,
tal vez pueda aconsejarme.

A los cincuenta y cinco:
Qué lástima que se haya muerto el viejo
la verdad es que tenía unas ideas y
una clarividencia notables.

A los setenta años:
¡Pobre papá, era un sabio!, ¡qué lástima que yo lo haya
comprendido tan tarde!

No hay manera de saber antes de experimentar.

70

A MIS PADRES

No me des todo lo que te pida, a veces yo solo pido para ver hasta cuánto puedo obtener.

No me des siempre órdenes; si en vez de órdenes, a veces me pidieras las cosas, yo las haría más rápido y con más gusto.

Cumple las promesas buenas o malas, si me prometes un premio dámelo; pero también si es un castigo.

No me compares con nadie, especialmente con mi hermano o hermana. Si tu me haces lucir peor que los demás, entonces seré yo quien sufra.

No corrijas mis faltas delante de nadie. Enséñame a mejorar cuando estemos solos.

No me grites, te respeto menos cuando lo haces y me enseñas a gritar a mi también y yo no quiero hacerlo.

Déjame valerme por sí solo, si tu haces todo por mí, yo nunca aprenderé.

No digas mentiras delante de mí, ni me pidas que las diga por tí, aunque sea para sacarte de un apuro. Me haces sentir mal y perder la fe en lo que dices.

Cuando yo hago algo malo, no me exijas que te diga el "porqué" lo hice y me enseñarás a admitir mis equivocaciones también.

No me digas que haga una cosa y tu no la haces. Yo aprenderé y haré siempre lo que tu hagas, aunque no lo digas, pero nunca lo que tú digas, y no hagas.

Enséñame a conocer y amar a Dios, pero de nada valen si yo veo que ustedes no conocen ni aman a Dios.

Cuando te cuente un problema mío, no me digas "no tengo tiempo para boberías" o "eso no tiene importancia" trata de comprenderme y ayudarme.

Y quiéreme y dímelo, a mi me gusta oírtelo decir, aunque tu no lo creas necesario.

De a deveras te lo digo:
me voy, padre, de tu casa. . .
lo digo así, ¡de tu casa!
porque no la siento mía.
Porque aunque aquí he vivido
desde el día en que nací,
cuando empecé a comprender,
entendí que con nacer
no basta para ser hijo.

Por eso me voy, y gracias,
lo digo sinceramente.
Nada me faltó a tu lado,
ni la casa ni la escuela,
ni el doctor ni el juguete favorito;
ni la ropa que hoy me viste
ni el coche que ayer usé.

Pero. . . ¿soy tan ambicioso?
¿parezco tan exigente
si te digo que no basta
que no me fue suficiente,
ni la ropa ni el dinero
ni ese coche ni esta casa?

Porque quiero —siempre quise—
algo más que no me diste.
Y tu abultada cartera,
fuente siempre surtidora
de remedios materiales,
nunca contuvo billetes
para comprar un minuto
de tu atención necesaria,
de un tiempo fundamental
para ocuparte de mi.

Pensarás que fuí un buen hijo
porque nunca te enterabas:
¿sabes que troné en la escuela?
¿que terminé con mi novia?
¿que corrí una borrachera
en antros de mala nota?

¿que hacía pinta en el colegio?
¿que probé la mariguana?
¿y que robaba a mamá?
No, no lo sabes.
No hubo tiempo de pensar triviales cosas.

Total, los adolescentes
somos traviesos y flojos,
¡pero al hacernos hombres
enderezamos los pasos!
Pues no, padre, ¡no era el caso!
Y toda mi delincuencia
era un grito de llamada
al que jamás contestaste
¡que quizás nunca ni oiste!
Por eso si hoy me preguntas
en qué punto me fallaste,
sólo podría responderte:
Padre. . . ¡me fallaste!

¿Que qué voy hacer?
¡quién sabe!
¿A dónde iré?
¡qué importa!
¿Dónde encontraré el dinero
para pagar esta vida
a la que me he acostumbrado?

No puedes creer que viva
sin aire acondicionado;
sin feria para el disco;
sin las chicas, sin las fiestas;
sin un padre involucrado
en industrias y altas empresas,
que es importante en política,
ha viajado al extranjero
y frecuenta altas esferas.

¿Qué no he de vivir sin esto?
¿Que así mi vida esta hecha?
¡Y quién dijo que era vida
la estancia en estos salones,
por los que sales y entras!
Pero nunca puedo verte ni decirte:
Padre, ¿hoy si te quedas?

Nunca he vivido en tu casa.
Nunca ha sido vida ésta. . .
Ahora es que voy a vivir
fuera de aquí, lejos de tí,
sin la esperanza que vengas
a mi, y nunca llegas.

Me voy padre. . .
Tus negocios, en inversiones de amor
se han ido a la bancarrota,
y declaras tu quiebra del comercio de mi amor.

Pagaste caro, y hoy pierdes casi toda la inversión.

Pero si sacas en venta los pocos bienes que quedan
para salvar el negocio, ¡me propongo como socio!

Y atiende bien a mi oferta, que no habrá mejor postor;
Yo te compro, para padre,
el tiempo que no tuviste para dárselo a tu hijo.

Te compro, para gozarlo,
todo este cariño inútil que nunca supiste usar.

Pagaré bien por tu risa, tu palabra, tu preocupación,
tu celo y tu caricia.

Te los compro: escucha el precio,
que, aunque no sé de finanzas,
podré ser buen comprador.

Si te vendes para padre
¡yo te pago el corazón!

Rogel Gutiérrez Díaz
estudiante de preparatoria.

Los niños son profundamente afectados por el ejemplo y sólo secundariamente por las explicaciones, cuando éstas son simples y claras.

Lo más importante es que crezcan en un ambiente libre de negatividad e impulsados a tener confianza y a expresar su propio ser.

Enséñalos a decir verdad, a ser honestos y sinceros.

Eso cubre todo.

Rodney Collin

Permite a tus hijos la satisfacción de adquirir lo que les gusta con el producto del esfuerzo en su trabajo.

L. Z. C.

Conciente o inconcientemente, siempre obtenemos lo que estábamos esperando.

POR FAVOR DIOS MIO... ¡SOLO TENGO 17 AÑOS!

El día de mi muerte fue tan común como cualquier día de mis estudios escolares.

Hubiera sido mejor que me hubiera regresado como siempre en el autobús, pero me molestaba el tiempo que tardaba en llegar a casa.

Recuerdo la mentira que le conté a mamá para que me prestara su automóvil; entre los muchos ruegos y súplicas, dije que todos mis amigos manejaban y que consideraría como un favor especial si me lo prestaba.

Cuando sonó la campana de las 2:30 de la tarde para salir de clases, tiré los libros al pupitre porque estaría libre hasta el otro día a las 8:40 de la mañana; corrí eufórico al estacionamiento a recoger el auto pensando sólo en que lo iba a manejar a mi libre antojo.

¿Cómo sucedió el accidente? esto no importa. Iba corriendo con exceso de velocidad, me sentía libre y gozoso, disfrutando el correr del auto. Lo último que recuerdo es que rebasé a una anciana pues me desesperó su forma tan lenta de manejar.

Oí el ensordecedor ruido del choque y sentí un tremendo sacudimiento... volaron fierros y pedazos de vidrio por todas partes, sentía que mi cuerpo se volteaba al revés y escuché mi propio grito.

De repente desperté, todo estaba muy quieto y un policía estaba parado junto a mí. También vi a un doctor. Mi cuerpo estaba destrozado y ensangrentado, con pedazos de vidrio encajados por todas partes; cosa rara, no sentía ningún dolor.

¡Hey! No me cubran la cabeza con esa sábana, ¡no estoy muerto! sólo tengo 17 años, además tengo una cita por la noche. Todavía tengo que crecer y gozar una vida encantadora... ¡no puedo estar muerto!

Después me metieron a una gaveta. Mis padres tuvieron que identificarme. Lo que más me apenaba es que me vieran así, hecho añicos.

Me impresionaron los ojos de mamá cuando tuvo que enfrentarse a la más terrible experiencia de su vida. Papá envejeció de repente cuando le dijo al encargado del anfiteatro: "Sí, ese es mi hijo".

El funeral fue una experiencia macabra. Vi a todos mis parientes y amigos acercarse a la caja mortuoria. Pasaron uno a uno con los ojos entristecidos; algunos de mis amigos lloraban, otros me tocaban las manos y sollozaban al alejarse.

¡Por favor, alguien que me despierte! sáquenme de aquí, no aguanto ver inconsolables a papá y mamá. La aflicción de mis abuelos apenas les permite andar. . . mis hermanas y hermanos parecen muñecos de trapo.

Pareciera que todos están en trance. Nadie quiere creerlo, ni yo mismo. ¡Por favor, no me pongan en la fosa! Te prometo Dios mío, que si me das otra oportunidad seré el más cuidadoso del mundo al manejar. Sólo quiero una oportunidad más.

¡Por favor, Dios mío, sólo tengo 17 años!

Anónimo

———————————•———————————

El mundo es tu cuaderno de ejercicios,
en cuyas páginas realizas tus sumas.

No es una realidad
aunque puedes expresar la realidad en él
si lo deseas.

También eres libre de
escribir tonterías, embustes o
de arrancar las páginas.

———————————•———————————

Cuando aceptas una idea, es porque
el tiempo de esa idea ha llegado.

Cuando el hombre conoce lo bello
conoce también lo no bello.
Cuando el hombre conoce lo bueno
conoce también lo no bueno.

Porque lo pesado y lo ligero,
lo largo y lo corto,
lo alto y lo bajo,
el silencio y el sonido,
el antes y el después,
el Ser y el No-Ser,
se engendran uno a otro.

————————●————————

Cuando las cosas no se desean
es cuando llegan.
Cuando las cosas no se temen
es cuando se alejan.

Por eso el Sabio
quiere conocerse a sí mismo
pero no se manifiesta.
Ama a Dios,
pero no se exhalta por la religión.
Rechaza la violencia
y se afirma en la calma.

————————●————————

Del "Tao Te King"
de Lao Tse

————————●————————

Lo que estás tratando de evitar no desaparecerá
hasta que lo enfrentes.

Conozco "Tres Cosas Preciosas".
Estimo y conservo las tres.
La primera de ellas es el Amor.
La segunda es la Austeridad.
La tercera es la Humildad.

Con Amor se puede ser valeroso.
Con Austeridad se puede ser generoso.
Con Humildad se puede progresar.

Si los hombres no sienten Amor,
no tienen móvil para la valentía.
Si no tienen Austeridad,
carecen de reservas para ser generosos.
Si no son Humildes,
no progresan porque no ven una meta por encima de sí.

Y cuando llega la muerte,
les domina el miedo, el dolor y la ignorancia.

———————————●———————————

Las palabras que expresan la Verdad,
no son agradables.

Las palabras que son agradables,
no expresan la Verdad.
Un hombre bueno, no las discute.
El que las discute, no es hombre bueno.

El Sabio no conoce muchas cosas.
El que conoce muchas cosas, no es Sabio.

El Sabio no acumula para sí:
vive para otra gente
y vive la vida plena.
Da a otra gente
y vive en la abundancia.

Del "Tao Te King"
de Lao Tse

———————————●———————————

Aquello de lo que huimos es hacia donde nos dirigimos.

Lo que pasa es siempre lo mejor.

Rodolfo Patrón Tenorio

PARABOLA DE LA EDUCACION

Iba un hombre caminando por el desierto
cuando oyó una voz que le dijo:
"Levanta algunos guijarros, mételos en tu bolsillo
y mañana te sentirás a la vez triste y contento"

Aquel hombre obedeció. Se inclinó, recogió un puñado
de guijarros y se los metió en el bolsillo.
A la mañana siguiente, vió que los guijarros se
habían convertido en diamantes, rubíes y esmeraldas.
Y se sintió feliz y triste.
Feliz, por haber cogido guijarros;
triste por no haber cogido más.

Lo mismo ocurre con la educación.

W. Cunningham
Escritor británico.

————————●————————

Nunca se rebaja tanto el nivel de una conversación, como cuando se
alza la voz.

————————●————————

Los ideales son como las estrellas: nunca los alcanzamos, pero, igual
que los marinos en altamar, trazamos nuestro camino siguiéndolos.

————————●————————

Lo que me molesta no es que me hayas mentido, sino que, de aquí
en adelante, ya no podré creer en ti.

————————●————————

Lo importante no es lo que hicieron de nosotros, sino lo que
nosotros hacemos con eso que hicieron de nosotros.

Jean Paul Sartre

Nunca digas todo lo que sabes,
nunca hagas todo lo que puedes,
nunca creas todo lo que oyes,
nunca gastes todo lo que tienes.

Porque quien dice todo lo que sabe,
hace todo lo que puede,
gasta todo lo que tiene y
cree todo lo que oye,

un día dirá lo que no debe,
hará lo que no sabe,
juzgará lo que no ve y
gastará lo que no tiene.

Inscripción en las ruinas de Persépolis.

Si te atrae una lucecita, síguela. Si te conduce al pantano ya saldrás de él. Pero si no la sigues, toda la vida te mortificarás pensando que acaso era tu estrella.

Séneca
Filósofo y escritor hispanorromano.

Si tienes un título universitario puedes estar seguro de una cosa. . .
Que tienes un título.

TOMA TIEMPO

Toma tiempo para pensar,
es el recurso del poder.

Toma tiempo para jugar,
es el secreto de la perpetua juventud.

Toma tiempo para leer,
es la fuente de la sabiduría.

Toma tiempo para orar,
es el más grande poder en la tierra.

Toma tiempo para ser amigable,
es el camino a la felicidad.

Toma tiempo para reír,
es la música del alma.

Toma tiempo para dar,
es demasiado corto el tiempo para ser egoísta.

Toma tiempo para trabajar,
es el precio del éxito.

Toma tiempo para hacer caridad,
es la llave del cielo.

———————————•———————————

Cuando uno no vive como piensa,
acaba pensando como vive.

Gabriel Marcel

SE ENNOBLECE LA VIDA:

Cultivando tres cosas:
la bondad, la sabiduría y la amistad.

Buscando tres cosas:
la verdad, la filosofía y la comprensión.

Amando tres cosas:
la caballerosidad, el valor y el servicio.

Gobernando tres cosas:
el carácter, la lengua y la conducta.

Apreciando tres cosas:
la cordialidad, el contento y la decencia.

Defendiendo tres cosas:
el honor, los amigos y los débiles.

Admirando tres cosas:
el talento, la dignidad y la gracia.

Excluyendo tres cosas:
la ignorancia, la ofensa y la envidia.

Combatiendo tres cosas:
la mentira, el ocio y la calumnia.

Conservando tres cosas:
la salud, el prestigio y el buen humor.

———————————————•———————————————

Lo que se dijo siempre es exactamente lo que se intentaba decir.

SI

Si puedes estar firme cuando en tu derredor
todo el mundo se ofusca y tacha tu entereza,
si, cuando dudan todos, fías en tu valor
y al mismo tiempo sabes excusar su flaqueza;
si puedes esperar y a tu afán poner brida,
o blanco de mentiras, esgrimir la verdad,
o siendo odiado, al odio no dejarle cabida
y ni ensalzas tu juicio ni ostentas tu bondad;

Si sueñas pero el sueño no se vuelve tu rey;
si piensas y el pensar no mengua tus ardores;
si el Triunfo y el Desastre no te imponen su ley
y los tratas lo mismo, como a dos impostores;
si puedes soportar que tu frase sincera
sea trampa de necios en boca de malvados,
o mirar hecha trizas tu adorada quimera
y tornar a forjarla con útiles mellados;

Si todas tus ganancias poniendo en un montón
las arriesgas osado en un golpe de azar,
y las pierdes, y luego con bravo corazón
sin hablar de tus pérdidas vuelves a comenzar;
si puedes mantener en la ruda pelea
alerta el pensamiento y el músculo tirante
para emplearlos cuando en tí todo flaquea
menos la voluntad que te dice: "Adelante";

Si entre la turba das a la virtud abrigo;
si marchando con reyes del orgullo has triunfado;
si no pueden herirte ni amigo ni enemigo;
si eres bueno con todos, pero no demasiado,
y si puedes llenar los preciosos minutos
con sesenta segundos de combate bravío,
tuya es la Tierra y todos sus codiciados frutos,
y lo que más importa, serás Hombre, hijo mío.

Rudyard Kipling
Escritor británico.

ROSARIO SANSORES

(extracto)

"Se necesita valor para ser lo que somos y no pretender ser lo que no somos".

"Para vivir honradamente dentro de nuestros recursos, y no deshonestamente a expensas de otro".

"Para decir rotunda y firmemente que no, cuando los que nos rodean dicen que sí".

"Para negarse a hacer una cosa mala aunque otros la hagan".

"Para pasar las veladas en casa tratando de aprender".

"Para huir de los chismes cuando los demás se deleitan con ellos".

"Para defender a una persona ausente a quien se critica abusivamente".

"Para ver, en las ruinas de un desastre, que nos mortifica, humilla, traba, los elementos de un futuro éxito".

"Para ser verdadero hombre o mujer, aferrados a nuestras ideas, cuando esto nos hace parecer extraños o singulares".

"Para guardar silencio en ocasiones en que una palabra nos limpiaría del mal que se dice de nosotros, pero que perjudicaría a otra persona".

"Para vestirnos según nuestros ingresos y negarnos a lo que no podemos comprar".

"Para alternar con la gente sin tener automóvil propio".

Creo difícil que en menos palabras puedan reunirse tan sabios conceptos y tan juiciosas advertencias.

Pensar un instante nada más en cada una de ellas y procurar seguirlas, sería sin duda una gran enseñanza.

Porque la mitad de nuestros fracasos y desengaños provienen precisamente de ese afán de querer ser lo que no somos y en querer aparentar lo que tampoco somos, empeñándonos en vivir fuera de la realidad.

Hay quien, por querer aparentar una riqueza que no tiene, se llena de deudas que acaban por robarle el sueño y la tranquilidad.

No hay ni puede haber humillación en reconocer nuestros yerros y procurar corregirlos.

No cuesta ningún trabajo ser honrado.

¡Un nombre limpio es el mejor tesoro y la mejor herencia que podemos legar a nuestros hijos!

Se necesita valor para. . .

———————————●———————————

Nada hay de bárbaro ni de salvaje en esas naciones; lo que ocurre es que cada cual llama barbarie a lo que es ajeno a su costumbre.

Montaigne
Escritor francés.

———————————●———————————

Lo que es bueno para ti puede no serlo para otros.
¿Entonces qué te hace pensar que a tu manera es mejor?

DESIDERATA

Avanza serenamente entre el ruido y la agitación, pero recuerda que puede haber paz en el silencio. Hasta donde sea posible, sin rendirte, trata de estar en buenos términos con todo el mundo.

Dí tu verdad serena y claramente y escucha a los demás, hasta a los aburridos e ignorantes, ellos también tienen su historia.

Evita a las personas agresivas y escandalosas pues son espinas para el espíritu.

Si te comparas con los demás puedes ser vanidoso o amargado, porque siempre habrá personas más capaces y personas menos capaces que tú.

Goza de tus logros igual que de tus fracasos.

Guarda interés en tu propia carrera por humilde que sea; es una posesión real en los cambios de fortuna del tiempo.

Sé cuidadoso en los negocios porque el mundo está lleno de trampas; pero no dejes que esto te ciegue a la virtud que existe; muchas personas están luchando por altos ideales y por todas partes la vida está llena de heroísmo.

Se tu mismo. Especialmente no muestres tu afecto cuando no lo sientas. Tampoco seas cínico en el amor, porque a pesar de toda la aridez y el desencanto es perenne como el pasto.

Acepta con cariño el paso de los años y entrega con gracia las cosas de la juventud. Alimenta la fuerza del espíritu para que te proteja y te sostenga en la desgracia repentina.

No te atormentes con la imaginación; muchos temores nacen de la fatiga y la soledad. Además de seguir una autodisciplina saludable, sé gentil contigo mismo.

Tú eres una criatura del universo, igual que los árboles y las estrellas; tú tienes derecho a estar aquí y aunque sea o no bien claro para tí, el Universo se está desarrollando como debe de ser.

Por eso, debes estar en paz con Dios cualquiera que sea tu idea de El, y sean cualesquiera tus inclinaciones y aspiraciones sonserva la paz con tu alma en la bulliciosa confusión de la vida.

Aún con toda su farsa, penalidades y sueños fallidos el Mundo es hermoso.

Se cauto, esfuérzate por ser feliz.

M. Ehrmann

Para conocer el futuro es necesario conocer tanto el presente como el pasado, en todos sus detalles. Hoy es lo que es porque ayer fué lo que fué. Y si hoy es como ayer, mañana será como hoy. Si quieres que mañana sea diferente, debes hacer que hoy sea diferente.

Si hoy no es sino una consecuencia de ayer mañana será a su vez una consecuencia de hoy.

---•---

*Todo lo que embellece, nutre y alienta la vida
es bueno.
Todo lo que afea, mutila y apaga,
es malo.*

**Albert Schweitzer
Médico y filósofo.**

---•---

*Pienso,
luego soy inconsciente.
En el momento de pensar
habito en el mundo IRREAL
de la abstracción
o del pasado
o del futuro.*

LA CORTESIA

La vida, por breve que sea, nos deja siempre tiempo para la cortesía.

Huye de las gentes que te dicen: "Yo no tengo tiempo para gastarlo en etiquetas". Su trato te rebajaría. Estas gentes están más cerca de la animalidad que las otras. ¡Qué digo! La animalidad se ofendería. El perro jamás te dejará entrar sin hacerte fiestas con la cola. El gato mimoso y elástico, en cuanto te vea irá a frotarse contra tí. El pájaro parecerá escuchar con gracioso movimiento de cabeza lo que le dices, y si percibe en el metal de tu voz la cariñosa inflexión que él conoce, romperá a cantar.

La cortesía es el más exquisito perfume de la vida, y tiene tal nobleza y generosidad que todos la podemos dar; hasta aquellos que nada poseen en el mundo, EL SEÑOR DE LAS CORTESIAS les concede el gracioso privilegio de otorgarla.

¿En qué abismo de pobreza, de desnudez, no puede caber la amable divinidad de una sonrisa, de una palabra suave, de un apretón de manos?

La Caridad, opulenta o humilde, lleva siempre el ropaje de la cortesía, y la santidad más alta no podemos imaginarla sino infinitamente cortés.

Amado Nervo
Extracto.

Si estás pensando dar un regalo, nota cuales son tus verdaderas intenciones.

TU DECIDES

Hasta el día de hoy has vivido buscando y encontrando una causa de porqué no te salen bién las cosas. Tener siempre "una buena razón" para justificarte, pero de esa manera te conducirás al logro de tus objetivos.

Aceptar y ejercer tu responsabilidad personal implica deshacerte del salvavidas que medio te mantiene a flote y probarte que eres capaz de hacerlo por tí mismo, y más aún, que eres capaz de avanzar en la dirección que tú deseabas.

TU DECIDES: Si sigues responsabilizando a los demás de tus desventuras, permites que un: "así soy yo" "¿qué quiere que haga?" te detenga, continúas actuando conforme a lo que te indican los demás, aceptas que otras personas sean las que te digan que está bién y que está mal.

Pero. . . por favor, no te quejes cuando no consigas lo que quieres. Las personas, aún las que te aman, no saben a donde vas.

Esa decisión, es solo tuya, ejercerla es aceptar que tu vida tiene una razón de ser y que es tu responsabilidad encontrarla, como tuya será también, la satisfacción de haberla alcanzado.

No hay víctimas, solo voluntarios.

*Sólo la reconciliación salvará al mundo, no la justicia,
que suele ser una forma de venganza.*

A MI AMIGA: (Antídoto contra la depresión)

Cuando nos sentimos mal, tristes, deprimidos, estamos pensando que la vida nos debe algo por lo bueno que somos o como compensación por lo que no hemos logrado. Sentimos que la gente nos agrede, nos rezonga, no nos toma en cuenta, nos ganan el lugar, nos empujan, nos ven feo; cada vez somos más agresivos exigiendo lo que creemos merecer y hacer que todos reconozcan lo que valemos...

Con ésta actitud, lo único que logramos es que nuestra apreciación de lo que merecemos se haga más intensa, podemos llorar y llorar y no cambiar nada.

Todo esto es una forma muy personal de ver la vida, la "vida nos debe unos valecitos", pero en el momento en que comprendemos que somos nosotros los que tenemos que hacer un esfuerzo por no agredir, no empujar, no exigir; dejar de ir caminando por la vida ensimismados con nuestras penas y abrir bien grandes los ojos para constatar que en el preciso momento en que cambiamos nuestra actitud dejamos de ver a los agresivos majaderos que nos hacían la vida imposible.

¿Qué es lo que nos hace perder el equilibrio y caer en ese infierno? Muy importante, observa tu salud, tu presión; cuida a tus seres queridos y amigos, pero más que nada cuida de no estar ocioso, no dejes de ocupar tu mente y tu cuerpo en actividades sanas, placenteras y reconfortantes. No dejes de estudiar, no te olvides de aprender, ejercita tu agilidad mental y verás que con tu mente ocupada no hay cabida a los malos pensamientos generados por la autocompasión.

L.Z.C.

*Mientras culpas a otros,
estás renunciando a tu poder para cambiar.*

NO DESISTAS

Cuando vayan mal las cosas,
como a veces suelen ir,
cuando ofrezca tu camino,
solo cuestas por subir,
cuando tengas poco haber,
pero mucho qué pagar y
precises un reír,
aún teniendo que llorar
cuando ya el dolor te agobie y
no puedas ya sufrir,
descansar acaso debes
¡pero nunca desistir!

Tras las sombras de la duda,
ya plateadas, ya sombrías,
pueda bien surgir el triunfo,
no el fracaso que temías
y no es dable a tu ignorancia,
figurarte cuán cercano,
pueda estar el bien que anhelas y
que juzgas tan lejano.
Lucha pues por más que tengas
en la brega que sufrir,
cuando todo esté peor,
más debemos insistir.

Rudyard Kipling
Escritor británico.

———————————●———————————

Aquello a que tienes miedo, es una clara indicación
de lo siguiente que tienes que hacer.

EL EXITO COMIENZA CON LA VOLUNTAD

Si piensas que estás vencido, lo estás;
si piensas que no te atreves, no lo harás;
si piensas que te gustaría ganar,
pero que no puedes, no lo lograrás;
si piensas que perderás, ya has perdido;
porque en el mundo encontrarás que el
éxito comienza con la voluntad del hombre.

Todo está en el estado mental;
porque muchas carreras se han perdido
antes de haberse corrido;
y muchos cobardes han fracasado
antes de haber su trabajo empezado.

Piensa en grande y tus hechos crecerán;
piensa en pequeño y quedarás atrás;
piensa que puedes y podrás;
todo está en el estado mental.

Si piensas que estás aventajado, lo estás;
tienes que pensar bien para elevarte.

Tienes que estar seguro de tí mismo
antes de intentar ganar un premio;
la batalla de la vida no siempre la gana
el hombre más fuerte o el más ligero;
porque tarde o temprano, el hombre que gana,
es aquél que cree poder hacerlo.

Doctor Bernard

No hay bueno ni malo, solo consecuencias.

EL VALOR DEL CARACTER

La energía y el trabajo obstinado superan y vencen los mayores obstáculos.

Casi no hay cosa alguna imposible para quien sabe trabajar y esperar.

Los que se duermen suponiendo que las cosas difíciles son imposibles, merecen todo el mal que les sobrevenga.

La impaciencia que parece energía y vigor del espíritu, no es más que una debilidad y un afán de sufrir. La impaciencia hace perder las más importantes ocasiones. Produce malas inclinaciones y aversiones que perjudican los más grandes intereses; hace decidir los negocios más importantes por las más insignificantes razones; oscurece el talento, rebaja el valor y hace al hombre desigual, débil e insoportable.

Los hombres de carácter son infinitamente más raros que los de talento. El talento puede no ser más que un don de la naturaleza; el carácter es el resultado de mil victorias logradas por el hombre sobre sí mismo.

El talento es una cualidad, el carácter una virtud.

Fénelon (1651-1715)
Sacerdote y escritor francés.

———————————●———————————

Dame agudeza para entender,
capacidad para retener,
método y facultad para aprender,
sutileza para interpretar,
gracia y abundancia para hablar.

Dame acierto al empezar,
dirección al progresar
y perfección al acabar.

Santo Tomás de Aquino

TU ERES LA CAUSA DE TODO

Nunca te quejes de nadie ni de nada,
porque tú, y sólo tú,
eres la causa de todo lo que pasa. . .

Ni digas jamás que la situación está difícil.
Lo estará para ti.
Hay miles de personas para las cuales no tiene
nada de difícil. . .

No digas que el dinero está escaso.
Eso será en tu casa.
Abunda en muchas partes
y lo tienen los triunfadores, los optimistas. . .

No te engañes.
Tú eres la causa de todo lo que te acongoja,
de tu escasez, de tu mala situación,
de tus dificultades, de tus desdichas.
La causa de todo lo eres tú.

Aprende a los fuertes, a los activos,
a los audaces, a los valientes, a los enérgicos,
a los que no ponen pretextos,
a los que no conocen las dificultades.

Aprende a los que triunfan; sé hombre cabal.
Deja de ser muñeco de hilacha.
Levántate, anímate, apúrate, muévete, espabílate
y ¡triunfa!

———————•———————

Otros te pueden detener momentáneamente,
solo tú lo puedes hacer permanentemente.

VICTORIA PARA QUIENES PERSEVERAN

Iniciar una obra es cosa relativamente fácil,
basta con avivar un poco la lumbre del entusiasmo.
Perseverar en ella hasta el éxito, es cosa diferente;
eso ya es algo que requiere continuidad y esfuerzo.
Comenzar está al alcance de los demás,
continuar distingue a los hombres de carácter.
Por eso la médula de toda obra grande, desde el
punto de vista de su realización práctica, es la
perseverancia, virtud que consiste en llevar las
cosas hasta el final.
Es preciso, pues, ser perseverante;
formarse un carácter no sólo intrépido, sino
persistente, paciente, inquebrantable.
Sólo eso es un carácter.
El verdadero carácter no reconoce más que un lema:
la victoria.
Y sufre con valor, con serenidad y sin desaliento,
la más grande de las pruebas:
la derrota.
La lucha tonifica el espíritu pero, cuando falta
carácter, la derrota la reprime y desalienta.
Hemos nacido para luchar.
Las más grandes victorias corresponden siempre a
quienes se preparan, a quienes luchan y a quienes perseveran.
Por lo tanto, está en paz con Dios; no importa como lo
concibas y cualesquiera que sean tus trabajos y aspiraciones
en la ruidosa confusión de la vida; está en paz con tu alma.
Porque a pesar de toda su farsa, arduos trabajos y sueños
perdidos, es un mundo bello. Ten cuidado, lucha por ser feliz.

Hallado en la iglesia
Old Saint Paul de Baltimore, Md.

Si encuentras una buena solución y te aferras a ella,
esa solución puede convertirse en tu próximo problema.

SI QUEREMOS TENER EXITO COMO DIRIGENTES

No te desanimes al encontrar obstáculos.
Si vas a desanimarte al primer indicio
de oposición o adversidad,
no llegarás muy lejos en el camino del éxito.
Presta poca atención a los que quieran obligarte
a que te ocupes de sus caprichos y antojos. . .
Debemos tener fe en nuestros propios esfuerzos
y en nuestro ánimo para perseverar en nuestra perseverancia.
No te preocupes si eres un individuo con reducido
o amplio talento;
preocúpate por dar lo mejor que tengas,
sin importar lo reducido o vasto que sea.

John Mackie

Hay personas en este mundo que son alegres y parecen poseer más
energía que el resto de nosotros. Esto es porque no la desperdician
en represión y auto-contemplación. Sentirse miserable no es un
pasatiempo, sino un trabajo de tiempo completo.

Erica Jong
Escritora norteamericana.

Debo ser fuerte sin ser rudo,
ser amable sin ser débil,
aprender con orgullo sin arrogancia,
aprender a ser gentil sin ser suave.

Ser humilde sin ser tímido,
ser valioso sin ser agresivo,
ser agradecido sin ser servil,
meditar sin ser flojo.

LAS PALABRAS MAS IMPORTANTES
PARA EL EJECUTIVO

Las seis palabras más importantes:
"yo admito que cometí un error"

Las cinco palabras más importantes:
"me siento orgulloso de usted"

Las cuatro palabras más importantes:
"¿cuál es su opinión?"

Las tres palabras más importantes:
"hágame el favor"

Las dos palabras más importantes:
"muchas gracias"

La palabra más importante:
"nosotros"

La palabra menos importante:
"yo"

. . . Y para recordar:
"antes del honor está la humildad"

———————————•———————————

Algunas personas estan deseosas de trabajar,
siempre y cuando puedan empezar de la gerencia en adelante.

¿Has intentado alguna vez
organizar algo como, por ejemplo, la paz?
En el momento que lo hagas
verás los conflictos de poder
y las luchas internas dentro de la organización.
La única manera de tener paz
es dejarla crecer libremente.

———————————●———————————

Sólo puedes tener dos cosas en la vida,
Razones o Resultados. Las Razones no cuentan.

———————————●———————————

Si quieres que alguien cambie,
estás requiriendo que esa persona te mienta.

———————————●———————————

Si te preocupas por lo que podría ser,
y divagas en lo que podría haber sido,
nunca sabrás lo que ES.

———————————●———————————

Después que todo se ha dicho y hecho,
mucho se ha dicho y poco se ha hecho.

———————————●———————————

Si no sabes que dirección tomar,
es porque no te has dado cuenta en donde estás.

En esta vida obtendrás todo lo que quieres
si tu ayudas lo suficiente a otra personas
a obtener lo que quieren.

¿DONDE ESTA TU TESORO?

¿Piensas mucho en el dinero? Pues ahí está tu tesoro.
¿Tus pensamientos están en el amor? Ahí está tu tesoro.
¿Te absorbe tu trabajo? Ahí está tu principal valor.
¿Qué te ocupa? ¿Qué te preocupa?
¿Cuáles ideas están contigo casi siempre?
¿Qué es lo que más valoras?
Si tienes un signo de pesos, tus valores son materiales.
Si piensas en el poder, eres dominante.
Si tus pensamientos son nobles y altruístas.
Si piensas y te ocupas en amar,
tu tesoro no se acabará ni con devaluaciones
ni con crisis económicas,
porque lo espiritual no se acaba nunca.
Enriquécete con cosas imperecederas y
serás rico y fuerte y
tus riquezas estarán contigo siempre.

Helen Hernández

Con demasiada frecuencia amamos las cosas y nos aprovechamos de la gente; cuando debiéramos amar a las personas y aprovecharnos de las cosas.

No es rico el que tiene mucho, sino el que dá mucho.

Erich Fromm

LA VERDADERA RIQUEZA

Si hubiera un Banco que acreditara en la cuenta de usted $ 86,400
pesos cada mañana; que no transfiriera el saldo disponible de un día
al siguiente, no le permitiera conservar efectivo y al final del día
cancelara la parte de esa cantidad que usted no hubiera usado, ¿qué
haría? Por supuesto, sacar cada día hasta el último centavo y
aprovechar todo el dinero.

Pues bien, tal banco existe: se llama Tiempo.
Cada día, le acredita 86,400 segundos
y cada noche da por definitivamente perdidos
cuantos haya dejado de emplear provechosamente.
Nunca transfiere los saldos,
ni permite que usted se sobregire.
Cuando no usa lo disponible ese día,
el único que pierde es usted.
No existe recuperación de fondos.
Tampoco es posible girar cheques sobre el mañana.
De cada persona depende invertir este precioso
caudal de horas, minutos y segundos
para obtener los máximos dividendos en cuanto a
salud, felicidad y éxito.

El hombre más rico, no es el que conserva el primer peso que ganó,
sino el que conserva al primer amigo que tuvo.

Yo necesito pocas cosas y las pocas cosas que
necesito, las necesito poco.

San Francisco de Asís

POBREZA

El otro día me encontré con un individuo de esos que abundan tanto: un Pobre Hombre Rico. Es dueño de varias fincas, de bonos y acciones de diversas compañías, y de una jugosa cuenta corriente en el banco.

Pero es pobre. Lleva en su mente la esencia de la pobreza, porque siempre teme gastar unos centavos, sospecha de todo el mundo, se preocupa demasiado de lo que tiene y le parece poco.

La pobreza no es carencia de cosas; es un estado de ánimo. No son ricos los que tienen todo en abundancia. Sólo se es rico cuando el dinero no le preocupa a uno. Si usted tiene dos pesos y no se lamenta de tener más, es más rico que el que tiene dos millones y no puede dormir porque no tiene cuatro.

Pobreza no es carencia; es la presión de la carencia. La pobreza está en la mente, no en el bolsillo.

El pobre hombre rico del que hablo se angustia porque la cuenta del almacén de comestibles es muy alta, porque el hielo cuesta mucho, porque consume electricidad y gas. Siempre está buscando el modo de disminuir el salario de sus sirvientes. Le duele que su mujer le pida dinero. Se angustia por el gasto de sus hijos. Las peticiones de aumento de sueldo de sus empleados le arden más que un cáustico. En fin, tiene los síntomas e inconvenientes de la pobreza que sufre su lavandera. Y más. ¿Qué diferencia hay entre él y un pordiosero?

La única finalidad del dinero es proporcionar comodidad, alejar temores, permitir una vida de libertad espiritual. Si usted no disfruta de esas ventajas, tenga cuanto tenga, es usted pobre.

Pero si usted puede experimentar esa sensación de libertad, esa confianza en el mañana, esa idea de abundancia que se dice proporciona el dinero, será rico aunque sea pobre.

Piense en esto: "Si usted quiere ser rico, séalo: es más fácil que hacerse rico. Ensaye".

El dinero en sí no significa nada. Su verdadero valor reside en lo que con él podamos realizar en favor de los demás, además de nosotros mismos. Esta es, a nuestro juicio, la doble y auténtica finalidad del dinero.

Frank Crane

CUENTA LO QUE POSEES

No enumeres jamás en tu imaginación lo que te falta.

Cuenta, por el contrario, todo lo que posees; detállalo, si es preciso, hasta con nimiedad, y verás que, en suma, la Vida ha sido espléndida contigo.

Las cosas bellas se adueñan tan suavemente de nosotros, y nosotros con tal blandura entramos en su paraíso, que casi no advertimos su presencia.

De allí que nunca les hagamos la justicia que merecen.

La menor espina, en cambio, como araña, nos sacude la atención con un dolor y nos deja la firma de este dolor en la cicatriz. De allí que seamos tan parciales al contar las espinas.

Pero la vida es liberal en sumo grado; haz inventario estricto de tus dones, y te convencerás.

Imaginemos, por ejemplo, que un hombre joven, inteligente, simpático a todos, tuviese una enfermedad crónica. No debería decir: "Tengo este mal, o aquel, o me duele siempre esto o aquello, o no puedo gustar de este manjar o de aquel. . ."

Debería decir: "Soy joven, mi cerebro es lúcido, me aman; poseo esto, aquello, lo de más allá; gozo con tales o cuales espectáculos, tengo una comprensión honda y deliciosa de la naturaleza. . ., etc."

Vería entonces el enfermo aquel que lo que le daña se diluiría como una gota de tinta en el mar. . .

Amado Nervo

———————●———————

*Si no tienes eso que quieres,
no estás comprometido a ello un 100%*

LA CONTABILIDAD PERSONAL

¿Le has echado un vistazo al estado de pérdidas y ganancias de tu vida?

Nuestra vida es nuestro negocio más importante que debemos atender.

¿Estás operando con "Números rojos"? —¿Hay cuentas pendientes que pagar? —¿Has tenido ganancias y tu "capital" ha crecido?

Creo que hacer cuentas de cuando en cuando es saludable y necesario.

Reajustar, invertir nuestro tiempo, disfrutar las ganancias, todo eso hay que tomar en cuenta.

Si tienes un "socio" o "socia" hagan su contabilidad juntos, ¿Cómo va esa sociedad? ¿Se reúnen para resolver problemas que a ambos afectan? Si no lo has hecho, creo que sería una buena idea hacerlo. Tu vida es tu negocio. Revisa tus cuentas ¡No vaya a ser que llegues al cierre en completa bancarrota!

Si no eres rico, observa lo que haces para empobrecerte.

PARABOLA DE LOS DOS MARES

Hay dos mares en Palestina.
Uno es fresco y lleno de peces,
hermosas plantas adornan sus orillas;
los árboles extienden sus ramas sobre él
y alargan sus sedientas raíces para beber
sus saludables aguas
y en sus playas los niños juegan.

El río Jordán hace este mar con burbujeantes aguas
de las colinas, que ríen en el atardecer.
Los hombres construyen sus casas en la cercanía
y los pájaros sus nidos
y toda clase de vida es feliz por estar allí.

El río Jordán corre hacia el sur a otro mar.
Aquí no hay trazas de vida, ni murmullos de hojas,
ni canto de pájaros
ni risas de niños.
Los viajeros escogen otra ruta, solamente por
urgencia lo cruzan.
El aire es espeso sobre sus aguas y ningún hombre
ni bestias, ni aves la beben.
¿Qué hace esta gran diferencia entre mares vecinos?

No es el río Jordán. El lleva la misma agua a los dos.
No es el suelo sobre el que están,
ni el campo que los rodea,
la diferencia es ésta:
El mar de Galilea recibe al río pero no lo retiene.
Por cada gota que a él llega, otra sale.

El dar y recibir son en igual manera.
El otro mar es un avaro. . . guarda su ingreso celosamente.
No tiene un generoso impulso.
Cada gota que llega, allí queda.
El mar de Galilea da y vive.
El otro mar no da nada.
Le llaman el Mar Muerto.

Bruce Barton

EL CIUDADANO DEL PORVENIR

El ciudadano del porvenir, aparte de corresponder a un tipo leal, honrado, limpio, enérgico y laborioso, será el que quiera a su patria entrañablemente, sin necesidad de engañarse, pero quererla, sobre los males y fracasos, no para exagerarlos con la ironía o el pesimismo, sino para corregirlos con el trabajo, con el sacrificio, con la verdad.

Un tipo de ciudadano veraz en todo, veraz con sus semejantes y veraz consigo mismo, fiel a su palabra; superior a las mezquindades del servilismo y la adulación, que no se cruce de brazos ante las dificultades, esperando que lo salven de ellas, tardíamente, un golpe de valor, un medro, una astucia vil.

Un ser que no abdique de su derecho por negligencia pero que no lo ejerza abusivamente y que, sobre todo, jamás olvide que la garantía interna de esos derechos radica en el cumplimiento de los deberes, cualquier derecho resultaría un privilegio específico y excepcional. Un ser que ame la vida y que la enaltezca.

En fin un tipo de ciudadano capaz de juzgar de las cosas y de los hombres con independencia y con rectitud, porque es capaz de juzgarse a sí mismo antes que a los otros y que sabe que, por encima de la libertad que se obtiene como un legado, el destino de los pueblos coloca siempre la libertad superior: La que se merece.

Jaime Torres Bodet
Escritor mexicano.

Cualquier sistema que quita la responsabilidad de la gente, la deshumaniza.

LOS MEXICANOS

Nosotros mexicanos tenemos sobradas razones para enorgullecernos
de nuestra nacionalidad. Somos un pueblo que tiene una historia y
una cultura ancestrales. México, posee grandes tesoros artísticos que
nos deben hacer sentir orgullosos. Tenemos también una tradición y
una historia llena de valores humanos. Actualmente se ha olvidado lo
que fuimos y no proyectamos tampoco lo que podemos llegar a ser.

Usando nuestra razón e inteligencia y aprovechando nuestros
recursos intelectuales y humanos, podemos llegar a ser una nación
culta y consciente de su responsabilidad mundial.

Pero para lograr esto, todos los mexicanos tenemos el deber de
educar a las personas que han tenido menos oportunidades ya que la
educación y la cultura son la salvación de nuestro pueblo para poder
lograr un desarrollo no únicamente económico sino moral e
intelectual.

Helen Hernández

Estaba un día Diógenes plantado en la esquina de una calle
y riendo como loco.

"¿De qué te ríes?" le preguntó un transeúnte.

"¿Ves esa piedra que hay en medio de la calle?"

Desde que llegué aquí esta mañana, diez personas han tropezado
con ella y han maldecido, pero ninguna de ellas se ha tomado
la molestia de retirarla para que otros no se tropiecen.

Ser uno de los miles de colaboradores para hacer posible un cuento histórico, ¡es un privilegio!

Ser uno de los miles de trabajadores ayudando a elevar el nivel de vida de los que nos rodean, ¡es una oportunidad!

Ser uno de los miles que ayudan a tener una vida más plena a otros, ¡es un reto!

Aunque lo que hagamos parezca insignificante, nuestros esfuerzos se vuelven colectivos, como pequeños copos de nieve que transforman el triste y seco paisaje en belleza.

Así como las gotas de agua o granos de arena hacen al poderoso océano y la apacible tierra, así nuestros esfuerzos grandes, pequeños o futiles, ayudan o estorban el desarrollo del Mundo.

Paul S. McElroy

Es más fácil organizar una conferencia sobre la contaminación del medio ambiente, que agacharnos a recoger una cáscara de plátano.

En su autobiografía, el Mahatma Gandhi cuenta como, durante
sus tiempos de estudiante en Sudáfrica, le interesó profundamente
la Biblia, en especial el Sermón del Monte

Llegó a convencerse de que el cristianismo era la respuesta al sistema
de castas que durante siglos había padecido la India, y consideró
muy seriamente la posibilidad de hacerse cristiano.

Un día quiso entrar en una iglesia para oír misa e instruirse, pero le
detuvieron a la entrada y, con mucha suavidad, le dijeron que,
si deseaba oír misa, sería bien recibido en una iglesia reservada a los
negros.

Desistió de su idea y no volvió a intentarlo.

("La Oración de la Rana"
Anthony de Melo. S.J.

Las personas enojadas son aquellas que más miedo tienen.

HUBO UN HOMBRE

Hubo un hombre que nació en un pueblo
casi desconocido, hijo de la sencilla esposa
de un humilde carpintero. Trabajó en una
carpintería hasta los 30 años. Y entonces,
durante 3 años fué un predicador ambulante.

Jamás escribió un libro, ni ocupó cargo alguno,
Jamás tuvo casa propia;
Y jamás puso pie dentro de una gran ciudad.
Jamás se alejó de 300 kms. de donde nació.
No tenía más credenciales que su propia persona.
No tuvo nada que ver con los asuntos de este
mundo a excepción, de la influencia que ejerció
sobre las almas.

Siendo aún un hombre joven, la marea de
la opinión popular se le volteó.
Sus amigos huyeron de su lado;
uno de ellos lo negó.
Otro de ellos lo entregó a sus enemigos.
Soportó la burla de su juicio.
Fué bajado de la cruz y colocado en un
sepulcro prestado a la merced de un amigo.

XIX largos siglos han pasado desde entonces,
mas hoy "EL" constituye
el núcleo espiritual de la raza humana
y es el lider de la columna del
Progreso, y quedamos anonadados al
darnos cuenta de que todos los ejercitos
que jamás hayan marchado,
de que los parlamentos que
jamás hayan sesionado,
y de que todos los reyes que
jamás hayan regido.

¡Todos! conjuntamente, nunca han afectado
la vida del hombre sobre esta tierra
tan profundamente como lo hiciera
durante los 33 años de su breve vida
un solo hombre.

ORACION

No me dirijo a los hombres. Me dirijo a Ti, Dios de todos los seres, de todos los mundos, de todos los tiempos; si es permitido a débiles criaturas, perdidas en la inmensidad e imperceptibles para el resto del Universo atreverse a pedirte algo, a Ti, que todo lo has dado, a Ti, cuyos decretos son inmutables y eternos. Dígnate mirar con piedad los errores de nuestra naturaleza; que esos errores no sean calamidades. No nos has dado el corazón para aborrecernos y las manos para degollarnos. Haz que nos ayudemos mutuamente a soportar el fardo de una vida penosa y fugaz; que las pequeñas diferencias entre los trajes que cubran nuestros débiles cuerpos, entre nuestros insuficientes lenguajes, entre nuestros ridículos usos, entre nuestras imperfectas leyes, entre nuestras insensatas opiniones, entre nuestras condiciones tan desproporcionadas a nuestros propios ojos y tan iguales ante Ti, que todos esos pequeños matices, en fin, que distinguen a los átomos llamados hombres, no sean señales de odio y persecución; que los que encienden cirios en pleno mediodía para celebrarte soporten a los que se contentan con la luz de tu sol; que los que cubren su traje con tela blanca para decir que hay que amarte, no detesten a los que hacen lo mismo bajo una capa de lana negra; que sea igual adorarte en una jerga formada de antigua lengua que en una jerga recién formada; que aquellos cuyo traje está teñido de rojo o morado, que dominan una partícula de un montoncito de barro de este mundo y que poseen algunos redondeaditos fragmentos de metal, gocen sin orgullo de lo que llaman grandeza y riqueza, y que los demás los vean sin envidia; porque Tú sabes que no hay en esas vanidades nada qué envidiar ni de qué enorgullecerse. . .

¡Ojalá que todos los hombres recuerden que son hermanos! ¡Que abominen de la tiranía ejercida sobre las almas, como execran el bandidaje que arrebata por la fuerza el fruto del trabajo y la industria pacífica! Si los azotes de la guerra son inevitables, no nos aborrezcamos, no nos destrocemos unos a otros en tiempos de paz, y empleemos el instante de nuestra existencia en bendecir en mil lenguas diversas, desde Siam a California, Tu bondad que nos concedió este instante.

Voltaire

SI AMAS A DIOS

Si amas a Dios, en ninguna parte has de sentirte extranjero, porque El estará en todas las regiones, en lo más dulce de todos los paisajes, en el límite indeciso de todos los horizontes.

Si amas a Dios, en ninguna parte estarás triste, porque, a pesar de la diaria tragedia, El llena de júbilo el universo.

Si amas a Dios, no tendrás miedo de nada ni de nadie, porque nada puedes perder y todas las fuerzas del Cosmos serían impotentes para quitarte tu heredad.

Si amas a Dios, ya tienes alta ocupación para todos los instantes, porque no habrá acto que no ejecutes en su nombre, ni el más humilde ni el más elevado.

Si amas a Dios, ya no querrás investigar los enigmas, porque lo llevas a El, que es la clave y resolución de todos.

Si amas a Dios, ya no podrás establecer con angustia una diferencia entre la vida y la muerte, porque en El estás y El permanece incólume a través de todos los cambios.

Amado Nervo

Si todas las personas malas fueran negras y todas las buenas, blancas, ¿De qué color serías tú? Porque yo, tendría la piel a rayas.

ESTOY SIEMPRE CONTIGO

¿Me necesitas? Estoy aquí contigo.
No puedes verme, sin embargo soy la luz que te permite
ver. No puedes oírme, sin embargo hablo a través de tu voz.
No puedes sentirme, sin embargo soy el poder que trabaja
en tus manos.
Estoy trabajando en tí, aunque desconozcas Mis senderos.
Estoy trabajando, aunque no reconozcas Mis obras.
No soy una visión extraña. No soy un misterio.
Sólo en el silencio absoluto, más allá del "yo" que aparentas
ser, puedes conocerme, y entonces sólo como un sentimiento
y como fe.
Sin embargo, estoy aquí contigo. Sin embargo, te oigo,
Sin embargo, te contesto.
Cuando Me necesitas, estoy contigo.
Aunque Me niegues, estoy contigo.
En los momentos en que más sólo crees encontrarte,
Yo estoy contigo.
Aun en tus temores, estoy contigo.
Aun en tu dolor, estoy contigo.
Estoy contigo cuando oras y cuando no oras.
Estoy en tí, y tú estás en Mí.
Sólo en tu mente puedes sentirte separado de Mí, pues sólo
en tu mente están las brumas de "lo tuyo" y "lo mío". Sin
embargo tan sólo con tu mente puedes conocerme y sentirme.
Vacía tu corazón de temores ignorantes.
Cuando quites el "yo" de en medio, estoy contigo.
De tí mismo no puedes hacer nada, pero Yo todo lo puedo.
Yo estoy en todo.
Aunque no puedas ver el bien, el bien está allí, pues Yo
estoy allí.
Estoy allí porque tengo que estarlo, porque Yo Soy.
Sólo en Mí tiene el mundo significado; sólo de Mí toma el
mundo forma; sólo en Mí el mundo sigue adelante.
Soy la ley en la cual descansa el movimiento de las estrellas
y el crecimiento de toda célula viva.
Soy el amor que es el cumplimiento de la ley. Soy seguridad.
Soy paz. Soy unificación. Soy la ley por la cual vives. Soy
el amor en que puedes confiar. Soy tu seguridad. Soy tu paz.
Soy uno contigo. Yo Soy.

Aunque falles en encontrarme, Yo nunca dejo de encontrarte.
Aunque tu fe en Mí es insegura, Mi fe en tí nunca flaquea,
porque te conozco, porque te amo.
mi bien amado, estoy aquí contigo.

James Dillet Freeman
Enviado por "Silent Unity"
a raíz del temblor del 19 de Sep.
en la Ciudad de México.

GANAR PERDIENDO

Pedí a Dios fortaleza para poder triunfar;
fui hecho débil, para que aprenda humildemente a obedecer. . .
Pedí salud para poder hacer grandes cosas;
me fue dada flaqueza, para que pueda hacer mejores cosas. . .
Pedí riqueza para poder ser feliz;
se me dio pobreza, para que pueda ser sabio. . .
Pedí poder, para ser el orgullo de los hombres;
se me dio debilidad, para que pueda sentir la necesidad de Dios.
Pedí todas las cosas para poder disfrutar la vida;
se me concedió vida, para que pueda disfrutar todas las cosas. . .
No se me dio nada de lo que pedí, pero todo lo que deseaba y
algo incluso a pesar de mi. Las oraciones que expresé
fueron respondidas.

De entre todos los hombres, yo he recibido la mejor bendición.

119

TUVE UN SUEÑO

Una noche soñé que caminaba con el Señor sobre la arena de la playa y, a través del firmamento, se dibujaban escenas de mi vida.

Para cada escena veía dos juegos de pisadas en la arena, uno era mío, el otro del Señor.

Cuando la última escena de mi vida relució ante mis ojos miré hacia atrás para ver las pisadas en la arena y noté que varias veces, a lo largo del camino de mi vida, había solamente un juego de pisadas. Noté, también, que esto sucedió durante la época más triste de mi vida. Realmente me molesté y pregunté al Señor: "Señor, tú me dijiste que, una vez que hubiera yo decidido seguirte, caminarías a mi lado todo el camino. Pero he notado que, durante la época más difícil de mi vida, hay solamente un juego de pisadas. No comprendo por qué, precisamente cuando más te necesitaba, me has abandonado".

El Señor contestó:

"Mi hijo amado, yo te quiero mucho y nunca, nunca te abandonaría en los tiempos de prueba y de dolor. Cuando tu veías solamente un juego de pisadas, eso significaba que yo te llevaba en mis brazos".

Tu habilidad para relajarte es directamente proporcional a tu habilidad para confiar en la vida.

¡ESCUCHA. . . DIOS!

Yo nunca hablé contigo.
Hoy quiero saludarte ¿Cómo estás?
¿Tú sabes? me decían que no existes;
y yo, tonto, creí que era verdad.

Anoche vi tu cielo, me encontraba
oculto en un hoyo de granada. . .
¡Quién iría a creer que para verte
bastaba con tenderse uno de espaldas;
no sé si aún querrás darme la mano;
al menos, creo que me entiendes.

Es raro que no te haya encontrado antes
sino en un infierno como éste.
Pues bien. . . ya todo te lo he dicho.
Aunque la ofensiva nos espera
para muy pronto, Dios, no tengo miedo
desde que descubrí que estabas cerca.

¡La señal!. . . tal vez llame a tu cielo.
Comprendo que no he sido amigo tuyo,
pero. . . ¿me esperarás si hasta ti llego?
¡Cómo!. . . mira Dios, ¡estoy llorando!. . .
tarde te descubrí. . . ¡cuánto lo siento!
dispensa. . . debo irme. . . ¡buena suerte!
(que raro, ¡sin temor voy a la muerte!. . .)

**Este poema se encontró en la guerrera de un
soldado norteamericano muerto en combate, en
la guerra de Corea**

121

Porqué Señor, te pido trabajo,
y no tiempo de descanso,
porqué te pido problemas
y no soluciones para los que ya tengo,
porqué me preocupo tanto de mis cosas
y no delego responsabilidades a los que me rodean,
porqué te pido un camino con obstáculos
y no uno limpio y tranquilo,
porqué te pido tiempos difíciles,
porqué te ofrezco mi esfuerzo para demostrarte que
estoy agradecido, y no sólo me acuerdo de Tí
cuando estoy desesperado.

Porqué cargo responsabilidades grandes y no miro
indiferente el paso de los días.
Porqué en mí, es en quien se notan los errores,
y no se perdonan con la facilidad de otros.
Porqué tengo que ir abriendo brecha, y no puedo
utilizar caminos ya trazados; yo no puedo dar respuesta
a todas mis dudas, pues sólo Tú las sabes, pero a pesar
de ésta y de muchas otras cosas jamás voy a intentar
salirme del camino que me tienes ya trazado y que voy
descubriendo día con día, así como tampoco voy a
eludir uno sólo de los problemas que me mandes.
Porque dentro de todas mis dudas, sé que este camino
es el único que me va a llevar a convertirme
en un HOMBRE.

Sé que es el camino más difícil,
pero es también el que más vale la pena, y el único
que se puede voltear a ver con orgullo
cuando se esta ya al fin de él.
Las únicas dos armas que tengo para tratar de cruzarlo
son la voluntad y la fe, la fe en Tí y en mí, se que si
las manipulo bien podré llegar al final.

Veamos hasta donde puedo llegar. . .

Carlos Sánchez Baz

Nota: Esto fue escrito el 8 de septiembre de 1981 a las
11 PM, dos años antes de diagnosticársele cáncer que
definitivamente lo consumió a la edad de 22 años. fué
alumno brillante, amigo entrañable y un hijo fuera de serie.

PLEGARIA DEL NIÑO INVALIDO

Acéptame como soy, en razón de justicia
y no de piedad.

Libérame de la ignorancia y la dependencia
por tu deber de cuidado.

Transfórmame en un ser útil
porque no quiero vivir de limosnas.

Pon en mis labios la luz de una sonrisa
y no la sonrisa triste del miedo.

Ayúdame a no ser una carga para mis padres
logrando mi reintegración social.

Reflexiona; mi comienzo fue igual al tuyo.

Sabe que las ilusiones que acompañaron mi nacer
fueron las mismas que soñaron tus padres.

Despierta con tu afecto mi fuerza
contra la agresividad que avasalla.

Mírame, soy humano como tú.

Pensamiento anónimo escrito
por un niño con parálisis cerebral.

¿QUE TAN VIEJO ERES?

La juventud no es una etapa en la vida, es un estado mental.

No es enteramente cuestión de mejillas maduras, labios rojos y rodillas flexibles.

Es temple de la voluntad, cualidad de la imaginación, vigor en las emociones. . .

Nadie envejece tan sólo por vivir un número de años.

La gente envejece sólo cuando abandona sus ideales. . .

Tú eres tan joven como tu fe, tan viejo como tus dudas.

Tan joven como tu confianza en tí mismo, tan viejo como tus temores.

Tan joven como tu esperanza y tan viejo como tu desesperación.

En el interior de cada corazón hay una cámara de registro; mientras ésta reciba mensajes de belleza, esperanza, alegría y coraje, mientras. . . eres joven.

Cuando los alambres han caído y tu corazón está cubierto con las nieves del pesimismo y el hilo del escepticismo entonces, y sólo entonces, ¡tú has envejecido!

———————————●———————————

Ser joven es tener ideales y luchar hasta lograrlos, es soñar en el futuro por el que se trabaja en el presente, es tener siempre algo qué hacer, algo qué crear, algo qué dar.

La juventud no es cuestión de tiempo, sino un estado de la mente;
no es un asunto de la voluntad, una cualidad de la imaginación,
un vigor de las emociones,
es la frescura de los manantiales profundos de la vida.

La juventud significa el predominio del valor sobre la timidez,
de la aventura sobre lo fácil.
Esto existe a menudo en una persona de 60 años más que en un joven
de 20. Nadie se avejenta al desertar de sus ideales.
Los años pueden arrugar nuestra piel,
pero la falta de entusiasmo arruga nuestra alma.

La preocupación, la duda, la falta de confianza,
el temor y la desesperación,
estos doblan el corazón y convierten el espíritu en polvo.

Tenga usted 60 años o 16,
en todo corazón humano existe el amor a lo maravilloso,
el asombro por las estrellas del cielo,
el impávido desafío a los eventos,
el apetito infalible de la niñez,
por lo que viene después el goce de vivir.

Usted es tan joven como su fe,
tan viejo como su duda,
tan joven como su confianza en sí mismo,
tan viejo como sus temores,
tan joven como su esperanza,
tan viejo como su desesperación.

Douglas McArthur
General norteamericano.

Si te estás preparando para envejecer, ten por seguro
que te llegará más pronto.

126

INSTANTES

Si pudiera vivir nuevamente mi vida.

En la próxima trataría de cometer más errores.

No intentaría ser tan perfecto, me relajaría más.

Sería más tonto de lo que he sido, de hecho tomaría muy pocas cosas con seriedad. Sería menos higiénico.

Correría más riesgos, haría más viajes, contemplaría más atardeceres, subiría más montañas, nadaría más ríos.

Iría a más lugares adonde nunca he ido, comería más helados y menos habas, tendría más problemas reales y menos imaginarios.

Yo fui una de esas personas que vivió sensata y prolíficamente cada minuto de su vida; claro que tuve momentos de alegría.

Pero si pudiera volver atrás trataría de tener solamente buenos momentos.

Por si no lo saben, de eso está hecha la vida, sólo de momentos; no te pierdas el ahora.

Yo era uno de esos que nunca iban a ninguna parte sin un termómetro, una bolsa de agua caliente, un paraguas y un paracaídas; si pudiera volver a vivir, viajaría más liviano.

Si pudiera volver a vivir comenzaría a andar descalzo a principios de la primavera y seguiría así hasta concluir el otoño.

Daría más vueltas en calesita, contemplaría más amaneceres y jugaría con más niños, si tuviera otra vez la vida por delante.

Pero ya ven, tengo 85 años y sé que me estoy muriendo.

Jorge Luis Borges

NOTA DEL EDITOR: Este mismo texto ha circulado en los países de habla inglesa, firmado por Nadine Stair, escritora de Lovisville, Kentucky, bajo el título: "If I had my Life to Live Over".

EN RECUERDO MIO

El día llegará en que en determinado momento
un médico comprobará que mi cerebro ha dejado
de funcionar y que, definitivamente, mi vida
en este mundo ha llegado a su término.

Cuando tal cosa ocurra, ni intentéis infundirle
a mi cuerpo una vida artificial con ayuda de
alguna máquina, y no digáis que me hallo en mi
lecho de muerte. Estaré en mi Lecho de Vida, y
ved que éste mi cuerpo sea retirado para contribuir
a que otros seres humanos hagan una mejor vida.

Dad mis ojos al desdichado que jamás haya contemplado
el amanecer, que no haya visto el rostro de un niño,
o, en los ojos de una mujer, la luz del amor. Dadle
mi corazón a alguna persona a quien el propio, sólo
le haya valido interminables días de sufrimiento.
Mi sangre dadla al adolescente rescatado de su automóvil
en ruinas, a fin de que pueda vivir hasta ver a sus
nietos retozando a su lado. Dad mis riñones al enfermo
que debe recurrir a una máquina para vivir de una
semana a otra. Para que un niño lisiado pueda andar,
tomad la totalidad de mis huesos, todos mis músculos,
las fibras y nervios todos de mi cuerpo.

Hurgad en todos los rincones de mi cerebro. Si es
necesario tomad mis células y haced que se desarrollen,
de modo que algún día un chico sin habla logre gritar
con entusiasmo al ver caer un gol y que una muchachita
sorda pueda oír el repiquetear de la lluvia en los
cristales de la ventana.

Lo que quede de mi cuerpo entregadlo al fuego, y lanzad
las cenizas al viento para contribuir al crecimiento
de las flores.

Si algo habéis de enterrar, que sean mis errores, mis
flaquezas y todos mis prejuicios contra mi prójimo.

Si acaso quisiéreis recordarme, hacedlo con una buena
obra y diciendo alguna palabra bondadosa a quien tenga
necesidad de vosotros. Si hacéis todo esto que os pido,
viviré eternamente.

MADUREZ

*Madurez es la habilidad de controlar la ira
y resolver las discrepancias sin violencia
o destrucción.*

*Madurez es paciencia, en la voluntad de
posponer el placer inmediato en favor de un
beneficio de largo plazo.*

*Madurez es perseverancia, es la habilidad
de sacar adelante un proyecto o una situación
a pesar de fuerte oposición y retrocesos decepcionantes.*

*Madurez es la capacidad de encarar disgustos
y frustraciones, incomodidades y derrotas sin queja
ni abatimiento.*

*Madurez es humildad, es ser suficientemente
grande para decir me equivoqué, y cuando
se esta en lo correcto la persona madura no
necesita experimentar la satisfacción de
decir "te lo dije".*

*Madurez es la capacidad de tomar una decisión
y sostenerla, los inmaduros pasan sus vidas
explorando posibilidades, para al fin no hacer nada.*

*Madurez significa confiabilidad, mantener la propia palabra,
superar la crisis, los inmaduros son maestros de la excusa,
son los confusos y desorganizados, sus vidas son una mezcla
de promesas rotas, amigos perdidos, negocios sin terminar y
buenas intenciones que nunca se convierten en realidad.*

Madurez es el arte de vivir en paz con lo que es imposible cambiar.

Ann Landers

EN PAZ

Muy cerca de mi ocaso yo te bendigo, vida,
porque nunca me diste esperanza fallida,
ni trabajos injustos, ni pena inmerecida.

Porque veo al final de mi rudo camino
que yo fui el arquitecto de mi propio destino;
que si extraje la miel o la hiel de las cosas,
fue porque en ellas puse hiel o mieles sabrosas.
Cuando planté rosales, coseché siempre rosas.

. . . Cierto, a mis lozanías va a seguir el invierno;
¡mas tú no me dijiste que mayo fuese eterno!
Hallé sin duda largas las noches de mis penas;
mas no me prometiste tú sólo noches buenas,
y en cambio tuve algunas santamente serenas. . .

Amé, fui amado, el sol acarició mi faz.
¡Vida, nada me debes! ¡Vida, estamos en paz!

Amado Nervo
Poeta mexicano.